9ª edição

Galera

RIO DE JANEIRO
2025

CIP-BRASIL. CATALOGAÇÃO NA PUBLICAÇÃO
SINDICATO NACIONAL DOS EDITORES DE LIVROS, RJ

T386c
9ª ed.
Thomé, Débora

    50 brasileiras incríveis para conhecer antes de crescer / Débora Thomé. – 9ª ed. - Rio de Janeiro : Galera, 2025.
    il.

ISBN: 978-85-01-11431-0

1. Literatura juvenil brasileira. 2. Mulheres - Biografia. I. Título.

17-43641
    CDD: 926.2913
    CDU: 929: 656.7

Copyright © 2017 por Débora Thomé

Todos os direitos reservados.
Proibida a reprodução, no todo ou em parte, através de quaisquer meios.

Texto revisado segundo o novo Acordo Ortográfico da Língua Portuguesa.

Direitos exclusivos desta edição reservados pela
EDITORA RECORD LTDA.
Rua Argentina, 171 - Rio de Janeiro, RJ - 20921-380 - Tel.: (21) 2585-2000.

Impresso no Brasil

ISBN: 978-85-01-11431-0

Seja um leitor preferencial Record.
Cadastre-se no site www.record.com.br e receba informações sobre
nossos lançamentos e nossas promoções.

Atendimento e venda direta ao leitor
sac@record.com.br

Querida leitora, querido leitor,

O livro que você vai ler agora foi preparado, principalmente, com amor.

Um monte de mulheres que gostava muito de pesquisar, ler, escrever, desenhar e pintar se juntou e construiu os textos e as ilustrações destas páginas. Nelas, você vai descobrir histórias pouco conhecidas de mulheres fabulosas, fenomenais, fantásticas que, apesar das dificuldades, transformaram o Brasil e, às vezes, até mesmo o mundo. São todas grandes brasileiras de nascimento ou de coração.

Para chegar a essas histórias, foram muitos livros, documentários, músicas, filmes, poemas, consultas na internet, entrevistas com pessoas sabidas. E uma pitadinha de imaginação.

Decidir a lista deu um enorme trabalho, porque sabemos que muitas mulheres maravilhosas ficaram de fora. Por isso, lá no fim, deixamos algumas páginas para que você possa escrever e desenhar sobre aquelas que considera suas heroínas. Podem ser do tipo famosas, ou mesmo alguém que conheça de perto, como sua mãe ou sua avó, uma tia, uma professora. Elas certamente terão muita coisa de suas vidas para contar.

Este livro, então, é dedicado às 104.772.000 mulheres que habitam este país. Um livro só não daria conta de todas elas, mas sabemos que cada uma a seu modo está construindo uma história cheia de aventuras e desafios.

Que, antes de crescer, você possa ainda conhecer muitas dessas brasileiras incríveis.

BOA LEITURA!

Sumário

11
Ada Rogato

19
Nise da Silveira

27
Thaisa Storchi Bergmann

13
Chica da Silva

21
Zuzu Angel

29
Clementina de Jesus

15
Irmã Dulce

23
Paraguaçu

31
Maria da Penha

17
Ana Botafogo

25
Marta

33
Tarsila do Amaral

35
Graziela Maciel
Barroso

37
Carlota Pereira
de Queirós

39
Maria Quitéria

41
Maria Esther Bueno

43
Ruth de Souza

45
Princesa Isabel

47
Lota de
Macedo Soares

49
Carmen Miranda

51
Cecília Meireles

53
Liberata

55
Chiquinha Gonzaga

57
Anita Garibaldi

59
Dina

61
Antonieta de Barros

63
Eufrásia
Teixeira Leite

65
Ivete Vargas

75
Mãe Menininha

85
Dilma

67
Elisa Frota Pessoa

77
Zilda Arns

87
Elza Soares

69
Jacqueline & Sandra

79
Fernanda Montenegro

89
Clarice Lispector

71
Bidu Sayão

81
Maria Rita Soares

91
Cora Coralina

73
Aracy de Carvalho

83
Margarida Maria Alves

93
Dandara

95
Pagu

97
Leila Diniz

99
Bertha Lutz

101
Carolina Maria de Jesus

103
Elis Regina

105
Laudelina de Campos Melo

107
Lygia Clark

109
Maria Lenk

110
Suas heroínas

116
Créditos

Ada Rogato
1910-1986

Quem nunca teve o desejo de voar? De ter asas para ver do alto os rios, as luzes das cidades, as florestas? De atravessar as nuvens e descobrir se elas são mesmo feitas de algodão? A pequena Ada, filha de imigrantes italianos, tinha todas essas vontades. A diferença é que ela acabou fazendo isso. E muito mais.

Ada foi a primeira pessoa no Brasil a ter licença de paraquedista; a primeira a pilotar um planador e a terceira mulher a tirar o brevê, que é a carteira de habilitação para conduzir um avião. Isso ela conseguiu trabalhando e juntando dinheiro para os cursos. Se hoje já é muito difícil ver uma pilota, imaginem só em 1950, quando a maioria das mulheres tinha como única opção casar e ser mãe.

Um dos maiores prazeres de Ada era fazer piruetas nos aviões e saltar de paraquedas. Lá embaixo, ficava todo mundo morrendo de medo, e ela, com um sorriso de orelha a orelha. Ada gostava de aventuras e de viajar sozinha por longas distâncias.

Em 1951, ela recebeu uma missão quase impossível: sobrevoar as três Américas, em nome do Brasil, num pequeno avião. A viagem ficou conhecida como "O voo da boa vizinhança". Aos jornais, Ada falou: "Vou animada e certa da vitória." Foram seis meses sozinha, pilotando 51.064 quilômetros. Como ia parando no caminho, em cada lugar, as pessoas faziam desenhos e escreviam em seu avião, que ficou todo colorido. Foi a primeira a fazer isso e também a atravessar os Andes.

Ela era chamada de "Gaivota Solitária", "Condor dos Andes", "Rainha dos Céus", e recebeu medalhas no Brasil e em outros países, como Chile, Bolívia e Colômbia, por ser também a primeira a fazer um monte de coisas lá. Era tão destemida que foi a primeira pessoa a sobrevoar, sem rádio, a Selva Amazônica. Lá de cima, Ada olhou a floresta e pensou: e não é que parece mesmo que tenho asas?

Chica da Silva
+- 1731-1796

Cecília Meireles disse: "Vestida de tisso, / de raso e de holanda, / – é a Chica da Silva: / é a Chica-que-manda!"

"A imperatriz do Tijuco / A dona de Diamantina / Chica da, Chica da, Chica da Silva" – completou Jorge Ben Jor.

Cantada e recitada por todos os lados, não se sabe bem onde começam e onde terminam algumas das histórias sobre Chica da Silva, escrava alforriada que viveu em Diamantina, Minas Gerais. Seja como for, de uma coisa todo mundo sabe: era uma moça poderosa!

Chica era filha de um português com uma africana alforriada. Ainda jovem, foi escrava de Manuel Pires Sardinha, um médico de 60 anos. Chica acabou sendo mãe de um filho de Sardinha. Era uma prática muito violenta da época: os senhores engravidavam suas escravas.

Quando seu filho nasceu, ele ficou livre, mas Chica permaneceu na mesma. A vida das mulheres escravizadas era servir, servir, servir. Mas Chica, que era então chamada de Francisca Parda, não aceitava que esse fosse seu destino e batalhou contra ele como pôde.

O lugarejo onde morava, o Arraial do Tijuco, era muito importante, pois fazia parte da rota das pedras preciosas. Certo dia, quando Chica passeava durante as festas de Natal, foi avistada por João Fernandes, contratador de diamantes muito rico, responsável pelas minas. Contam que foi amor à primeira vista.

Como se fazia na época, ele a comprou e logo pagou por sua alforria. Mesmo sem poder se casar, já que as leis não permitiam, eles ficaram juntos 15 anos, nos quais Chica teve 13 filhos.

Aos 24, era chamada de Dona Francisca da Silva de Oliveira e frequentava, cheia de esplendor, os espaços nobres das igrejas. Mesmo quando João Fernandes voltou a Portugal, continuou aqui cuidando dos negócios da família. Como era muito inteligente, teve uma posição de destaque na sociedade mineira da época.

"Um rio que, altiva, / dirige e comanda / a Chica da Silva, / a Chica-que-manda."

Irmã Dulce

1914-1992

Mariinha era devota de Santo Antônio e muito religiosa. Quando tinha apenas 7 anos, sua mãe morreu, e uma das poucas coisas que alegravam a menina era cuidar dos doentes que ficavam nas proximidades de sua casa, em Salvador. Fazia curativos, tentava doações com vizinhos, mas, principalmente, dava a eles muito amor.

Não demorou muito para que Maria Rita soubesse que queria entrar para a vida religiosa. Foi logo pedir ao pai, mas ele disse:

"Você ainda é muito pequena, termine primeiro os estudos!"

Maria, então, fugia da escola para ir à missa na Igreja de Santana. Às vezes, fugia mesmo para acompanhar seu time de futebol, o Esporte Clube Ypiranga.

Na sua formatura como professora, o pai lhe comprou um anel.

"Pai, não quero anel, quero ser freira."

No dia 15 de agosto de 1933, finalmente se entregou a sua vocação ao chegar ao convento em Sergipe, onde ganhou o nome de Irmã Dulce. Com ela, levou escondida sua boneca Celica.

Se fosse seguir direitinho as regras, o trabalho deveria ser dentro do convento, mas ela estava certa de que sua missão era outra: cuidar das pessoas muito pobres e combater as injustiças. Mesmo com a saúde frágil, não poupou nenhum esforço. Até casa ela invadiu para abrigar seus doentes. Quando já não havia mais para onde levá-los, teve uma ideia:

"Vou transformar em hospital o galinheiro do convento. Essa é a última porta, não posso fechá-la."

Depois de um puxadinho aqui, outro acolá, os poucos leitos acabaram virando uma enorme obra social na Bahia. Irmã Dulce pedia ajuda e comprava briga com quem fosse preciso para cuidar dos mais necessitados.

A Beata dos Pobres, Anjo Bom da Bahia, concorreu ao Prêmio Nobel da Paz. Agora pode virar santa para a Igreja Católica. Seu maior milagre, dizem, foi amar e cuidar de quem mais precisava.

Ana Botafogo
1957

Ana, tão pequenina, já queria ser bailarina. Com 7 anos, ia pela rua, levada pela mãe de mãos dadas, para aprender os primeiros pliés. Vestia cor-de-rosa, sapatilha e seguia cada passo que a professora ensinava.

Até chegou a fazer por um tempinho faculdade de letras, mas depois zarpou para Paris, onde tinha um tio diplomata. A desculpa era aprender francês, mas ela queria mesmo voltar ao balé. Foi parar numa companhia de dança em Marselha. Assim que chegou, teve certeza: "É esta vida que eu quero para mim."

Se no Brasil ela era a melhor da turma, na França, ainda tinha muito a fazer. De lá, rumou para Londres. Mas como não conseguiu os documentos necessários, acabou voltando para o Brasil, mesmo sem saber onde iria trabalhar.

Aqui, eram poucas as companhias de balé clássico – que era o que ela sabia e amava fazer. Foi contratada para o corpo de baile do Teatro Guaíra, em Curitiba, e, em 1981, para o Theatro Municipal do Rio de Janeiro, que reúne mais de 100 bailarinas e bailarinos. No imponente palco, representou uma centena de obras clássicas do balé: foi Giselle, Coppélia e tantas outras nos 30 anos em que foi primeira bailarina.

Quando está no palco, a bailarina aparece toda linda e perfeita, porém a vida nada tem de delicada. Ana Botafogo, com 1,60, pesa 45 quilos, treina horas por dia e descansa só no domingo. Ensaia, repete, faz de novo até o movimento ficar perfeito, então muitas vezes sente uma dor horrível nas pernas e nos braços. Também perdeu muito piquenique e passeio.

Ana dança com uma leveza que até parece que sabe voar. Mesmo assim, teme não agradar ao público. Também tem medo de envelhecer e não conseguir mais fazer os passos. Mas, enquanto esse tempo não chega, segue rodopiando de pé, como uma garotinha, em sua sapatilha de ponta.

Nise da Silveira
1905-1999

Foi em pleno verão alagoano que nasceu a primeira e única filha de um professor de matemática e uma pianista. A ela deram o nome de Nise. No dia, não tinham nem ideia de que a pequenina ia ser do tipo furacão, não por ser bagunceira, mas porque passou pela vida como um vendaval e colocou as ideias a sua volta de cabeça para baixo. Virou a maior médica psiquiatra que o Brasil já viu.

Era a única mulher dos 128 alunos da faculdade de medicina e com 26 anos estava formada e disposta a trabalhar muito. Todo o tempo que Nise tinha era apenas para estudar e cuidar dos seus "queridos malucos". Ela nem quis ter filhos. Os malucos, como chamava, são pessoas que enxergam o mundo de uma forma um pouco diferente e expressam seus sentimentos de jeitos especiais, às vezes, meio esquisitos até.

Naquela época, achavam que o remédio para gente assim era abrir a cabeça da pessoa até ela pensar igual, mas Nise, que não acreditava em nada disso, foi logo avisando: "Violência física não ajuda nem cura ninguém. Bom remédio para a loucura é música, pintura, escultura, animais e carinho."

Essa lição de afeto ela havia aprendido muito bem, pois, por mais de um ano, viveu na prisão, simplesmente porque descobriram que ela lia livros que o governo achava perigosos. Mas na noite de São João, quando foi libertada, sentiu-se livre como os balões do céu. Estava tão feliz que pensou: os malucos têm que ser livres também.

Foi aí que as pessoas passaram a achar que maluca era Nise. Mas ela via que, quando pintavam num mundo sem grades, os pacientes ficavam mais felizes, contavam melhor por que estavam tristes ou alegres. Foi uma descoberta tão importante que Nise ficou famosa no mundo inteiro por essas "imagens do inconsciente", as obras de arte com as figuras que se formam bem lá no fundo da nossa imaginação.

Ela continuou trabalhando até bem velhinha, acompanhada de 22 gatos, e colhendo frutos da sua imensa obra retratada em pinturas.

Zuzu Angel
1921-1976

Quem dera fosse diferente, mas nem toda história bonita tem um final feliz. Assim aconteceu com Zuleika Angel Jones, uma moça linda e elegante, com nome de artista de cinema.

Desde pequena, a mineira Zuzu gostava muito de mexer com tecidos. Imaginava os vestidos e costurava com panos coloridos os trajes para suas primas. Quando já tinha seus três filhos, foi para o Rio de Janeiro trabalhar inventando moda.

As roupas de Zuzu eram especiais e cheias de criatividade. Ela gostava de misturar coisas em que ninguém tinha pensado antes. Zuzu costurava rendas do Ceará combinadas com chita e ainda juntava estampas cheias de animais e frutas, o que era bem a cara do Brasil. Suas roupas eram coloridas e logo começaram a fazer sucesso não só aqui, como nos Estados Unidos também.

Mas havia algo que, todos os dias, fazia doer seu coração. Eram os anos da ditadura militar. Nesse tempo, as pessoas não tinham liberdade para muitas coisas, e seu filho Stuart Angel, o Tuti, acabou decidindo ir combater os militares. Como ficava escondido, Zuzu passava meses sem saber onde ele estava. Para não sentir tanto a sua falta, ela costurava.

Um dia, no meio da noite, Zuzu soube que Tuti tinha sido preso. Desesperada, saiu a sua procura por todos os lados. Falou com pessoas importantes, enviou cartas para jornalistas e artistas. Queria apenas cuidar de seu anjo, embalar seu filho, mas nada aconteceu: ninguém sabia do paradeiro de Tuti.

Foi aí que Zuzu bolou um plano. Bordou vestidos com pássaros presos em gaiolas, tanques de guerra, quepes e aviões. Cada roupa mostrava um pedacinho da sua dor e da violência que acontecia no país. O desfile-protesto, em Nova York, chamou a atenção de muitas pessoas.

Tuti nunca apareceu. Zuzu viveu triste até morrer. Mas suas denúncias da ditadura ajudaram a mudar a realidade. Afinal, além de uma grande estilista, Zuzu era uma mulher cheia de coragem.

Paraguaçu
1503-1583

Era uma vez uma índia tupinambá de nome Guaibimpará. Guaibimpará era filha do cacique e nasceu num tempo tão antigo que o Brasil nem se chamava Brasil. Estas terras, tomadas por *ybyrás*, as árvores, eram todas habitadas por indígenas das mais variadas tribos.

A indiazinha, ainda bem jovem, casou-se com um dos conquistadores portugueses que vieram aportar no litoral da Bahia. Diogo Álvares sobreviveu a um naufrágio e ficou jogado na praia, ao lado dos peixes que pareciam observá-lo. Quando Guaibimpará viu aquele *abá* tão diferente de si e daqueles que conhecia, caiu de amores pelo branco português e suplicou ao pai que não o matasse. Queria que fosse para sua oca, sua casa, e se tornasse seu marido.

Ao português, o chamaram Caramuru, e à indiazinha, Paraguaçu.

Anos depois, numa grande aventura, Paraguaçu viajou de navio até a França, onde foi batizada e ainda ganhou mais um novo nome: Catarina. Em grego, seu nome queria dizer "a pura". Isso porque acreditavam que ela havia se livrado dos maus hábitos que os estrangeiros – muito mal-informados – viam nas crenças indígenas.

Da união de Caramuru e Catarina Paraguaçu, nasceram seis filhos de carne e osso, mas também foi desse *aûsub*, desse amor, que se construiu a ponte que ajudaria a formar o que hoje chamamos de Brasil.

Paraguaçu era muito corajosa, então, um dia, quando Caramuru foi feito prisioneiro por outros portugueses, a indiazinha não se avexou: foi ela a responsável por organizar o resgate de seu companheiro.

A índia Paraguaçu conhecia a *nhe'enga* tupinambá e a palavra em português, então era quem traduzia os costumes e as línguas. Conversando com os dois mundos, tentou fazer a paz reinar entre ambos os povos que agora habitavam as mesmas terras. Com Caramuru, Paraguaçu fundou igrejas e uma das primeiras vilas, onde hoje fica Salvador.

Marta
1986

Era uma vez um reino onde quase todas as pessoas eram apaixonadas pelo mesmo esporte. Isso era tão importante que o chamavam de Pátria de Chuteiras, a terra onde se jogava o melhor futebol do mundo. Porém, vejam vocês, nesse mesmo reino, achavam que futebol era coisa apenas de menino.

Mas algo estava prestes a mudar nessa história.

Na beirada do campinho de várzea de Dois Riachos, em Alagoas, Marta vivia sempre metida no grupo dos garotos. Aos domingos, eles iam assistir ao jogo dos mais velhos, que tinham uma bola de couro de verdade. Bem diferente da bola murcha que os pequenos disputavam ao longo da semana. Assim que os grandes chutavam para fora do campo, a meninada toda corria, pois era a grande chance de dar um chutão naquela que era A BOLA.

Nessa hora, Marta juntava todas as suas forças e corria sem respirar. Muitas vezes, conseguia e... Buuuum, chutava a bola de volta para o campo.

"Largue a bola que é coisa de menino", ela ouvia todo tempo. Mas era tão feliz jogando futebol com os pés descalços que não tinha como desistir.

Um dia, um olheiro a viu jogando e levou Marta para o Vasco, no Rio de Janeiro. Não tinha nem debutado a menina e já estava treinando todo dia como atacante.

Com 17 anos, foi a vez de vestir a amarelinha na Copa do Mundo de Futebol Feminino. De lá, pulou rapidamente para o futebol europeu. Antes de conquistar seu reino, virou ídolo na Suécia.

Marta é tão boa, mas tão boa que, por cinco vezes, foi escolhida a melhor jogadora de futebol do mundo. Um feito único! É também a maior artilheira das Copas femininas.

Como se isso fosse pouco, em 2015, ela ainda se tornou a pessoa – entre homens e mulheres – que mais fez gols jogando pela seleção brasileira. Até hoje, por mais de 100 vezes, ela fez a torcida gritar "goooool".

Com tanta coisa assim, os habitantes do tal do reino, ainda que tenham resistido, tiveram que pensar melhor. Afinal, já tinham até uma Rainha do Futebol.

Como era mesmo aquela história de futebol não ser coisa de menina?

Thaisa Storchi Bergmann
1955

Esta é a história de uma observadora de estrelas. De estrelas, não; de galáxias. Explicando melhor, nem eram exatamente as galáxias o que mais chamava a atenção de Thaisa. O que a interessava, de verdade, era saber o que acontecia com os buracos negros.

Ser cientista estava nos seus planos desde cedo. Era fácil perceber. Quando ainda estava na escola em Caxias do Sul, no Rio Grande do Sul, montou com a amiga um laboratório. Depois da aula, as duas passavam horas com um microscópio, pesquisando sujeira de ralo e asa de mosca. Também faziam misturebas para análises químicas. Juntas tentavam desvendar os mistérios da ciência.

Apesar de toda essa animação, na hora de ir para a faculdade, Thaisa optou pelo curso de arquitetura. Em pouco tempo, notou que gostava mesmo era de física, e logo estava fazendo pesquisa em astronomia. Pronto: estava selado o seu destino.

De onde viemos? Como o universo se formou? Essas são perguntas que toda astrônoma se faz. Para tentar chegar às respostas, é preciso estudar a origem do universo. Em cada galáxia, que são as cidades onde moram os planetas e as estrelas, existem cerca de 100 bilhões de estrelas. Apenas no universo visível, são 100 bilhões de galáxias. Agora imaginem só o tanto de coisa que tem para pesquisar.

Quando uma astrônoma vai para o observatório, ela fica analisando o céu através daqueles telescópios gigantes e tem que fazer que nem a coruja: trabalhar de noite e dormir de dia. No centro de cada galáxia, existe um buraco negro, que é um lugar muito escuro, de onde não sai nenhuma luz, pois a gravidade é tão forte que nada escapa dele.

Thaisa é especialista nessa história de buraco negro; por isso, é internacionalmente conhecida. Em 2015, ela foi premiada pelo "Women for Science" (Mulheres pela Ciência) por suas descobertas. Participa de muitos comitês internacionais, até o do telescópio Hubble. Também fez um atlas de galáxias usado por astrônomas e astrônomos do mundo todo.

Clementina de Jesus
1901-1987

Quem ouve Clementina cantar percebe logo que tem algo diferente naquela voz. O ouvido estranha e pergunta: "Afinal, que som é esse?" A voz de Clementina não é do tipo suave, ao contrário, é de navalha: forte e potente como a raiz africana da nossa cultura.

Mas esse jeito especial de cantar não veio do nada. Tina, ou Quelé, nasceu em Valença, na zona cafeeira do Rio de Janeiro, onde aprendeu com a mãe, que aprendeu com a avó, que aprendeu com a bisavó, a contar cantando as histórias do seu povo. Ela ouvia também músicas de outras mulheres e dançava o jongo, um misto de canto e baile de origem banto. Com 7 anos, foi com a família morar na capital do estado e logo foi chamada para cantar no coral da igreja.

Quando começou a trabalhar nas casas de família, ainda jovem, aproveitava o fim de semana para entoar com as pastoras de escolas de samba – primeiro a Unidos do Riachuelo, depois a Portela e, por fim, a Mangueira. Frequentava as festas animadas da casa da Tia Ciata, onde conheceu músicos do quilate de Pixinguinha.

Mas a história da cantora de sucesso demorou um tantão para acontecer. A grande virada veio numa festa de Nossa Senhora da Glória. Clementina tinha 63 anos e trabalhava durante o dia como empregada doméstica. Nas horas vagas, participava de várias cantorias pela cidade. Justamente nesse dia, um produtor musical escutou sua voz rude e notou sua presença: precisava fazer um show daquela cantora com tanta personalidade.

Em dezembro de 1964, Clementina subiu ao palco de um grande teatro pela primeira vez na vida. O espetáculo se chamava *O Menestrel*. Antes de entrar, ela ficou atrás da cortina morrendo de medo. Será que daria conta do recado? Mas logo conquistou a plateia.

Depois desse, ainda participou do *Rosa de Ouro*, em que cantava as tais músicas do tempo da sua avó. Clementina fez gravações memoráveis de canções como "Marinheiro só" e "Benguelê" e cantou até mesmo na França e no Senegal.

Maria da Penha

1945

Era uma vez uma heroína triste, que passou pelas maiores dores do mundo na sua vida, mas que soube, com o que lhe sobrou de energia, ajudar outras mulheres também. Esta é das mais duras histórias, mas esperem até o final, pois as coisas às vezes demoram, mas melhoram.

Maria da Penha era uma menina que gostava de brincar na rua, cantar cantigas e correr com as amigas. Uma garota comum, como tantas outras de Fortaleza. Como era muito estudiosa, logo completou a faculdade de farmácia e foi fazer um mestrado em parasitologia. Poder estudar em São Paulo, que sonho!

Na sua temporada na cidade, apaixonou-se por um colega e acabou casando com ele. Teve três filhas, seus grandes amores (mas, como alertei no início, esta história nada tem de conto de fadas). Longe de viverem felizes para sempre, o marido era um sujeito violento, como tristemente acontece em muitas casas no Brasil e no mundo. Existem homens que acham que, por serem mais fortes, podem bater em suas esposas.

Assim aconteceu com Maria da Penha. Um dia, ela estava dormindo, quando o marido deu um tiro em suas costas. Por muita sorte, não morreu, mas ficou paraplégica. Ela sempre pensava que, pelo menos, ao sobreviver, poderia continuar cuidando das filhas.

Isso foi em 1983. Ali começou sua saga.

Foram necessários 19 anos e seis meses de luta para que o homem que a agredira fosse preso. Quando outras mulheres tomaram conhecimento da dor de Maria da Penha, decidiram ajudá-la. Sabiam que o sofrimento dela era o de muitas, logo a luta de uma era a luta de todas. Quando existe algo assim, só a união é capaz de transformar.

Após várias batalhas, o Brasil foi condenado internacionalmente e cobrado para que mudasse suas leis. Em 2006, foi criada a Lei Maria da Penha, que leva seu nome e ajuda a proteger milhares de mulheres no país contra seus agressores.

Assim, a dor de Maria da Penha se transformou, para muitas, no direito à vida.

Tarsila do Amaral
1886-1973

Bem longe da fazenda onde nasceu, Tarsila sentia saudades das cores do Brasil, do amarelo vivo, do rosa violáceo, do azul pureza, do verde cantante. Bem jovem e de família rica, havia atravessado o oceano para completar os estudos em Barcelona. Depois, casou-se, teve uma filha, separou-se e foi morar em Paris, onde aprendeu sobre a pintura cubista. A vida de Tarsila mudaria para sempre.

Um dia, ela recebeu uma carta da também pintora Anita Malfatti. O ano era 1922. Na carta, Anita escrevia mais ou menos assim: "A arte está em ebulição no Brasil. Em São Paulo, fizemos até uma grandiosa Semana de Arte Moderna."

Tarsila ficou muito animada para voltar. Aqui, formou um grupo com Anita, Oswald de Andrade, Mario de Andrade e Menotti del Picchia. Juntos, eles conversavam, produziam e pensavam em como fazer arte com a cara do Brasil, nada mais de copiar o que vinha da Europa. Eram os modernistas.

Nessa época, Tarsila pintou muitos quadros que mostravam como era colorida nossa natureza, estranhos nossos animais, vasta nossa floresta. Era a fase "Pau-Brasil".

Em meio a tantas novidades e emoções, acabou se casando com Oswald, com quem viajou pelo mundo. Depois dele, ainda se apaixonaria outras vezes na vida. Era uma mulher livre e adorada, por isso, muito criticada, mas seguia seu rumo.

Em 1928, Tarsila pintou o seu quadro mais famoso: o "Abaporu", ou o "homem que come gente". À primeira vista, aquela pessoa com uma perna enorme parece meio esquisita, mas essa obra marca a arte brasileira.

Depois disso, Tarsila teve também uma fase mais política, quando foi até presa por suspeita de ser comunista, após voltar de uma viagem à União Soviética. Foi quando pintou o belo "Operários".

O reconhecimento de verdade demorou um pouco a chegar, mas hoje o "Abaporu" é a mais valiosa pintura do Brasil. Enquanto isso, Tarsila encontrou seu lugar ao céu: chama-se Amaral, em sua homenagem, uma cratera cheia de cores do planeta Mercúrio.

Graziela Maciel Barroso
1912-2003

Esta é a história de uma menina que virou nome de planta. Não de uma, mas de 25 espécies brasileiras! Parecem mesmo palavrões, mas são nomes científicos: *Dorstenia grazielae*, *Diatenopteryx grazielae*, *Bauhinia grazielae* e muitas outras. Graziela era tão importante quando se tratava de registrar novos vegetais que ficou conhecida como "a grande dama da botânica", uma rainha brasileira das flores.

Ela nasceu em Corumbá, uma cidade que faz fronteira com a Bolívia e o Paraguai ao mesmo tempo. Bem novinha, casou-se e foi morar com o marido em vários lugares do país. Quando tinha 30 anos, assentou-se no Rio de Janeiro e começou a aprender sobre botânica em casa com ele. Até esse momento, dedicava-se a cuidar dos dois filhos.

Graziela prestou concurso para o Jardim Botânico. Eram cinco vagas e seis candidatos; apenas ela era mulher. Passou em segundo lugar, para irritação dos concorrentes. Ao Jardim Botânico – e às plantas – dedicou toda a sua vida desde então. Pouco tempo depois, ela ficou viúva, mas não desistiu dos estudos; apenas teve que adiar um pouco. Com 47 anos, fez vestibular e chegou à faculdade de biologia. No meio, ainda teve que enfrentar a perda de seu filho. Continuou trabalhando com as plantas para viver.

Graziela era taxonomista, que é o nome que dão a quem sabe fazer classificações. Achava a coisa mais linda abrir uma flor e entender como ela vive e cresce. Amava tanto o seu trabalho que dizia que estudar uma planta era como ver um filho crescer. Por isso mesmo, não tinha no seu apartamento nenhuma florzinha.

"Planta precisa de sol e água na medida certa, não serve para ficar presa."

Aos 60 anos, completou o doutorado. Deu aulas até o fim da vida e nunca parou de estudar. Formou muitos dos grandes botânicos que vieram depois e escreveu dezenas de artigos e livros.

Carlota Pereira de Queirós
1892-1982

Um chapeuzinho branco, em meio a um mar de 213 homens de chapéu preto, mostrava que ali estava a primeira mulher deputada federal do país, no dia de sua posse, em 1934.

Mas antes disso, Carlota primeiro foi professora e só se formou médica aos 34 anos. Parece um pouco tarde? É que, nos anos 1920, quase nenhuma mulher chegava à faculdade; o destino esperado era casar e ter filhos. Como era muito inteligente e vinha de uma família rica, teve mais chances de estudar.

Ela até numa batalha foi parar. Nesse tempo, também não achavam que guerra era lugar de mulher, mas Carlota organizou centenas como ela, que cuidaram dos feridos na Revolução Constitucionalista de 1932. Ficou muito conhecida e querida em São Paulo, sua terra natal. Ganhou homenagens por seus atos e virou deputada eleita: a primeira desde que as brasileiras puderam votar.

As leis diziam, desde o século XIX, que o voto era um direito no Brasil, mas, por muito tempo, ele foi exclusivo dos homens brancos e ricos. As mulheres só podiam olhar de longe. Foi em 1932 que elas passaram a ter também o direito de escolher quem governava. Foi uma longa batalha, que havia começado bem antes, com as mulheres abolicionistas.

Carlota não fazia parte de grupos feministas, mas, várias vezes, sentiu como era difícil ser a única mulher em um grupo formado só por homens: era esquecida por seus colegas nos jantares e até chamada de feia. Porém ela estava certa de que o futuro seria diferente: "Quando elas forem mais numerosas, terão de ceder. Eu sofro, mas por uma causa que terá de vencer."

Hoje, mais mulheres são deputadas, mas ainda tão pouquinhas que Carlota ficaria triste.

Maria Quitéria
1792-1853

A história desta heroína aconteceu há quase duzentos anos, quando o Brasil ainda fazia parte do Império Português. Naquele tempo, nasceu uma menina em terras baianas. Seu nome era Maria Quitéria de Jesus.

Desde pequena, Maria era destemida, muito mais do que poderia ser uma moça da sua época. Um dia, ela estava jantando em casa quando um hóspede de seu pai começou a contar das lutas pela independência do Brasil. Buscavam soldados que ajudassem a Bahia na empreitada.

O pai, então, lamentou não ter um filho homem que pudesse ser soldado. Maria, ouvindo tudo, o chamou num canto e falou:

"Você não tem filho, mas eu, como outras baianas do recôncavo, sei manejar armas de fogo na caça. Ah, meu pai... Se eu me disfarçasse de homem..."

Ao que o pai respondeu:

"As mulheres fiam, tecem e bordam. Não vão à guerra."

Mas Maria estava decidida e acabou fugindo de casa. Com a ajuda da irmã, cortou os cabelos e conseguiu uma farda que pertencia ao cunhado. Fingindo ser homem, foi se unir ao batalhão mais próximo.

O pai, ao notar a ausência da filha, saiu procurando por todos os cantos. A notícia se espalhou. Quando seus companheiros descobriram que o soldado Medeiros, na verdade, era uma mulher, tomaram um susto. Por sua enorme bravura, porém, decidiram que Maria Quitéria deveria seguir nas batalhas com eles. A moça ganhou um uniforme azul especial. Em cima da calça, ainda costurou uma saia.

Em 2 de julho de 1823, a heroína, junto com seu grupo, retornou à cidade de Salvador e foi aclamada pelo povo. Também jantou na corte, com Dom Pedro I, que a reconheceu por sua coragem.

Maria Quitéria é conhecida como "mulher-soldado" e, em todos os quartéis do Brasil, há uma foto sua pendurada. Deve ser para que ninguém esqueça que lugar de mulher é onde ela quiser.

Maria Esther Bueno
1939

Esther entrou tropeçando na quadra de tênis. Com apenas 3 anos, ela mal conseguia carregar a raquete, mas achava graça na rede que era quase da sua altura. A bolinha vinha do outro lado, e ela saía correndo para tentar rebater. Seus pais adoravam tênis, então faziam questão de levar a menina e o irmão para jogar nos fins de semana.

Assim foi indo, até que um dia todo mundo que estava em volta percebeu: "Nossa, esta menina joga muito bem." Com 10 anos, ela ganhou seu primeiro torneio; com 14, foi a número um no nacional de tênis. Ainda adolescente, foi convidada para ir aos Estados Unidos jogar. Até então, nem para a escola ela ia sozinha, como viajar para outro hemisfério? Mas Esther respirou bem fundo e topou a parada: venceu 14 dos 15 torneios que disputou no estrangeiro. Ali teve a certeza de que nasceu com jeito para a coisa, mas seria preciso disciplina para treinar.

Maria Esther terminou a escola e foi ganhar o mundo. Seu jeito de jogar tênis era espontâneo e cativante. Se estava brava, todo mundo percebia. Se errava um ponto, *grrrrrrr*! Sempre fazia o maior sucesso.

Aos 20 anos, em 1959, disputou o torneio individual de Wimbledon, o mais importante dos mais importantes campeonatos de tênis. Imaginar vencê-lo era algo tão fantástico para sua cabeça que, quando a partida terminou, ela foi até o juiz:

"É isso mesmo? É verdade? Eu ganhei?"

E caiu no choro.

Seria apenas a primeira de oito: três vezes venceu sozinha e outras cinco em duplas ao longo de nove anos. Na carreira, foram 589 vitórias – não de jogos, mas de campeonatos. Virou até mesmo professora dos príncipes ingleses e verbete da Enciclopédia Britânica.

Como se fosse pouco, ainda entrou no livro dos recordes. É dela a marca de partida mais rápida na final de um torneio US Open. Em 1964, em 19 minutos e dois sets, ela foi campeã.

Ruth de Souza
1921

O dia 8 de maio de 1945 marcaria para sempre a história do Theatro Municipal do Rio de Janeiro. Nesse dia, pela primeira vez, uma artista negra subiria naquele palco. O nome dela era Ruth.

Quando morava no interior de Minas Gerais, Ruth ouvia a mãe falar de uma cidade iluminada. Fazia, então, filas no chão com os vaga-lumes, tentando imitar o que a mãe contava. Sonhava com as luzes. Com 9 anos, mudou-se para a tal cidade, o Rio de Janeiro. Assim que chegou, a mãe a levou ao cinema. Era o filme do Tarzan, e Ruth se encantou ali mesmo.

Todos os domingos, esperava a hora de sair novamente. Às vezes, conseguia o ingresso com alguma patroa da mãe para ir ao teatro. Um dia, a mãe fez um convite especial: iriam ver os bastidores da ópera. Ruth ficou reparando em tudo e viu como a artista se transformava quando entrava no palco. "Eu vou é ser atriz."

Porém, quando contava para os outros, muita gente ria: "Ora, não existe artista preto." As pessoas achavam que, por ser negra, ela não podia sonhar como outras meninas da sua idade. Mas Ruth nem te ligo farinha de trigo. Estava certa, certíssima, da sua decisão.

Foi quando teve notícias do Teatro Experimental do Negro. Aprendeu a fazer teatro com eles. Em 1948, foi a vez da sua estreia no cinema. Nesse mesmo ano, ganhou uma bolsa de estudos e lá foi ela para os Estados Unidos aprender. Tinha medo de estar sozinha, mas os amigos diziam: "Vá com medo, Ruth, mas vá."

Ruth percebeu que, poucas vezes, os artistas negros conseguiam os papéis principais. Mas decidiu persistir, sempre denunciando o preconceito. Em 1954, foi indicada ao prêmio de melhor atriz, no Festival de Veneza, por sua atuação no filme *Sinhá Moça*.

Ao longo da carreira, fez mais de vinte novelas, trinta filmes, além de muitas peças de teatro. Em 1968, foi a primeira atriz negra a protagonizar uma novela. É considerada uma das grandes damas das artes no Brasil.

Princesa Isabel
1846-1921

Nem sempre as princesas moram num castelo bem distante ou se casam com um príncipe que as salvou de um dragão. Muitas princesas de verdade podem fazer coisas que mudam a história do mundo, mesmo morando num castelo sem bailes, sem torre, do tipo mais sem graça.

Foi assim a vida de Isabel Cristina Leopoldina Augusta Micaela Gabriela Rafaela Gonzaga de Bragança e Bourbon, mais conhecida nas suas terras como Princesa Isabel. A pequena nobre nasceu também num castelo, na Quinta da Boa Vista, no Rio de Janeiro. Era a segunda filha de Dom Pedro II, imperador do Brasil. Seus dias eram passados dentro da quinta, e sua única amiga para brincar de bonecas era a irmã.

Um dia, Isabel soube que, como seus dois irmãos meninos morreram, seria a sucessora do trono. Precisava estar preparada. Todas as semanas, tinha um professor só para ela que ensinava latim, grego, francês, inglês, alemão, italiano, literatura, geografia, política, economia, geologia, astronomia, química, física e... ufa... matemática, piano e dança. Quando não estava estudando, estava rezando. Era sem descanso a vida da princesa que podia virar rainha.

Por três vezes, Isabel governou um império do tamanhão do Brasil. Foi a primeira mulher a chefiar um Estado no continente americano. Na sua primeira regência, tinha só 24 anos. Ainda existia naquele tempo a prática de algo abominável: a escravidão, que vinha sofrendo críticas duras há anos. Na regência de Isabel, então, foi feita uma lei que dizia que, a partir daquele dia, ninguém mais nasceria escravo aqui. Chamava-se Lei do Ventre Livre.

No entanto, muitos homens poderosos eram contra a abolição da escravatura no Brasil. Então só 17 anos depois, no dia 13 de maio de 1888, a Princesa Isabel conseguiu assinar a Lei Áurea, que proibia ter-mi-nan-te-men-te que houvesse pessoas escravizadas no país.

O Brasil foi o último na região a acabar com a escravidão. Isabel ficou conhecida, por muitos, como "A Redentora".

Lota de Macedo Soares
1910-1967

A história de Lota de Macedo Soares é também uma grande história de amor. Na verdade, de dois amores: por uma mulher e por sua cidade.

Antes de parar no Rio de Janeiro, porém, Maria Carlota conheceu bons pedaços do mundo. Ela nasceu em Paris, onde vivia com os pais, depois foi para um internato na Bélgica. Eram pessoas de muitas posses, como se dizia. Após um tempo, a família veio para o Brasil. Nos anos 1940, em busca de mais conhecimento, lá foi Lota para os Estados Unidos acompanhar o pintor Candido Portinari, que havia sido contratado para fazer um mural em Washington. Passando por Nova York, fez cursos de pintura, arquitetura e urbanismo. Ficou impressionada com o que viu, no tanto de oportunidades que as mulheres tinham de ser independentes.

Lota era decidida, de personalidade muito forte e condutora da própria vida, absolutamente fora dos padrões esperados. Também não se aceitava que ela amasse outras mulheres.

Com 41 anos, casada com uma bailarina, ela conheceu aquela que seria sua musa: a poetisa norte-americana Elizabeth Bishop. Com ela, viveu por 15 anos entre sua casa na serra, em Samambaia, e Copacabana. Amavam-se profundamente, e, dessa convivência, nasceram belos poemas de sua companheira.

Muito amiga de Carlos Lacerda, que foi governador do Estado da Guanabara, Lota vivenciou nesse mesmo período outro grande amor: a construção do Parque do Flamengo, o maior aterro urbano à beira-mar do mundo.

O parque, como ela dizia, era o resultado ambicioso de suas paixões.

A ideia inicial era que os terrenos ali fossem vendidos, mas Lota bateu o pé e resolveu que seria uma versão brasileira do que tinha visto no Central Park, em Nova York. Ela trabalhava 12 horas por dia para fazer do Rio uma cidade melhor para as pessoas.

Sua forma de pensar a arquitetura do parque era revolucionária, assim como ela, que acabou morrendo de tanto amar.

Carmen Miranda
1909-1955

O que Carmen Miranda tem? Tem chapéu cheio de frutas, tem. Tem voz bem bonita, tem. Tem roupa de babados, tem. Tem graça como ninguém...

Tinha também olhos verdes e uma mancha amarela em um deles, uma marca da aliança da portuguesinha que tanto representou o Brasil.

Carmen nasceu Maria do Carmo, em Portugal. Com menos de um ano, veio morar no país que seria seu: virou uma carioca da gema. Ela adorava cantar e participava do coral da escola. Bem novinha, teve que começar a trabalhar; aprendeu a fazer chapéus e adereços.

Sua paixão era a música. Logo, conseguiu cantar no rádio, a coisa mais incrível que podia acontecer na vida de uma artista. Ao gravar "Taí", ganhou de vez o coração dos fãs. Foram 35 mil cópias vendidas: um recorde!

Depois fez peças de teatro, filmes e gravou quase trezentos sambas e marchinhas de carnaval. Era a maior cantora do Brasil. Carmen se apresentava como uma estrela brilhante: usava roupas coloridas, de baiana, e colocava seu salto plataforma de 18 centímetros de altura, pois não queria que percebessem que ela era baixinha. O figurino se completava com bananas e balangandãs. Ela requebrava e bailava com os braços, no ritmo da sua alegria.

Certo dia, um produtor dos Estados Unidos a viu cantando no Cassino da Urca e fez um convite: "Por que não vai para o estrangeiro?"

Uma multidão foi ao porto se despedir da Pequena Notável. Ela deu adeus à batucada, com o coração chorando, mas tinha que ir. O ano era 1939; nos Estados Unidos, Carmen se estabeleceu com seu grupo Bando da Lua. Lá, seu jeito sul-americano arrebatou também muitos fãs. Era uma das artistas mais bem pagas e requisitadas em peças e filmes: atuou na Broadway e em Hollywood. Sua forma de cantar, dançar e se vestir foram marcantes.

Uma vez, quando esteve no Brasil, recebeu muitas críticas: diziam que a moça tinha esquecido o samba e o breque, tinha voltado americanizada, mas Carmen fez piada e lembrou cantando que sempre foi do camarão ensopadinho com chuchu.

Cecília Meireles
1901-1964

Olhinhos de Gato era como chamavam a menina Cecília
Olhinhos azul-esverdeados,
vestido de renda e sapatilha.
Cecília perdeu a mãe, o pai e os irmãos bem cedo,
Então aprendeu sozinha
A viver quieta com suas coisinhas.
Passava o dia trancafiada com sua avó
Protegida, para não pegar resfriado nem pó.
Para que o tempo passasse, abria os livros
De onde saíam histórias e personagens bem vivos.
Fazia versos já com 10 anos, desde pequenina
Com 18, escreveu seu primeiro livro, era ainda uma menina.
Foi professora, jornalista, educadora, escritora.
Foi dela a ideia – uma epopeia! –
Da primeira biblioteca infantil
Acabou censurada pelo governo do Brasil.
Entre o "Colar de Carolina"
"Ou Isto ou Aquilo" e "A Bailarina".
Escreveu também a "Flor Amarela"
Aquela da janela da bela Arabela.
Na vida, nunca se esforçou por ganhar
Nem se espantou por perder
Não tinha medo da morte
No final, teve mesmo muita sorte.
Foi mãe de três meninas
A mais conhecida poetisa da sua geração
Escrevendo poemas da alma e também do coração.

Liberata
1780-????

Houve um tempo em que, no Brasil, algo terrível acontecia. Muitas pessoas brancas traziam negros da África e os faziam trabalhar como escravos nas fazendas e nas casas ricas. Por uns 300 anos, as coisas se passaram mal desse jeito.

Foi nesta época que viveu, lá pelas bandas de Santa Catarina, uma menina feita escrava conhecida pelo nome Liberata, que, em italiano, quer dizer, vejam vocês, "liberada". Com 10 anos, Liberata foi vendida – porque era assim, desse jeito, que faziam os senhores de escravo. Os escravos eram considerados coisas, e não pessoas.

Seu novo "dono" fazia Liberata cumprir muitas tarefas o tempo todo, mas Liberata acreditava na promessa dele de que, em breve, receberia sua alforria e seria livre para ir embora.

Quando já tinha 23 anos, exausta dos maus-tratos, com dois filhos do patrão e sem receber a prometida liberdade, Liberata entendeu que era hora de ela mesma cuidar disso e foi brigar na Justiça. De uma coisa estava certa: tinha o direito de ser livre.

Só havia um porém: quem controlava a Justiça eram homens que também tinham escravos. Todos, então, diziam que Liberata não teria chance alguma.

O processo acabou demorando um tempo e foi um disse me disse, mas não é que o destino surpreendeu? Isso graças a Liberata, que era muito inteligente. Quando ela percebeu que podia perder sua batalha, foi logo contando ao juiz os malfeitos do patrão. Com medo, o patrão rapidamente deu a Liberata a liberdade pela qual ela tanto lutou.

Apesar de a realidade não ter mudado tanto, muitas outras mulheres escravizadas puderam ter as mesmas coragem e iniciativa de Liberata. Algumas juntavam dinheiro para comprar alforrias, outras iam à Justiça. Como ela, batalharam com todas as suas forças para terem o mais básico dos direitos: a liberdade.

Chiquinha Gonzaga
1847-1935

Chiquinha era uma menina genial e com um bom jeito para música. Mas, desde cedo, era motivo de preocupação: tinha demasiados ares de liberdade.

O Rio de Janeiro do século XIX era um mar de sons, tanto que ficou conhecido como "Cidade dos Pianos". As notas saíam pelas janelas e iam se espalhando pelos assovios nas ruas. Chiquinha, com 11 anos, compôs sua primeira música, que tocou ao piano na noite de Natal. Chamava-se "A canção dos pastores". Nascia ali seu grande amor.

Com 16 anos, porém, teve que se casar e logo foi mãe de três filhos. Seu marido ciumento não queria que ela continuasse tocando. Para completar, levou-a em seu navio para a zona de guerra. Chiquinha, obrigada a escolher entre ele e a música, nem pestanejou: "Senhor meu marido, eu não entendo a vida sem harmonia."

Acabou então se separando da família, ficando sem ter onde morar. Mas ela não se fez de rogada e foi viver perto da música e dos músicos, que sempre foram os verdadeiros donos do seu coração.

Certa vez, ela sonhou com uma melodia. No dia seguinte, repetiu o som no piano e conquistou toda a plateia. No entanto, Chiquinha não podia só tocar, precisava pagar as contas, então trabalhava como professora de piano.

Com o tempo, seus maxixes, polcas e choros acabaram fazendo muito sucesso nos salões da cidade. Ela se tornou uma grande compositora de música para peças de teatro e a primeira maestrina do país. Chiquinha sabia como dar um sabor brasileiro à música que vinha da Europa.

Fazia o que lhe desse na telha, então vivia sendo criticada. Enquanto todas as moças escondiam o cabelo sob os chapéus, ela usava um lenço amarrado com um grande laço na cabeça. Ainda se casou mais duas vezes e vendeu partituras para ajudar a comprar a liberdade dos escravos. Com tanta independência, era um escândalo!

Mas como não amar essa compositora que, em 1899, foi capaz de fazer uma música que até hoje embala nossa emoção. E quem nunca cantou:

"Ô abre alas, que eu quero passar..."?

Anita Garibaldi
1821-1849

Fazia um frio danado quando as tropas farroupilhas entraram, por mar e por terra, em Laguna, Santa Catarina. Neste dia de julho de 1839, quando ouviu os primeiros movimentos, Anita tremeu-se toda. Sua intuição dizia que aquele momento era a grande chance de mudar seu destino.

Obrigada a casar aos 14 anos, a jovem estava cansada da vida sem graça. Queria lutar por liberdade, conhecer outros povos.

Mal sabia ela que, de um dos barcos, o valente Giuseppe Garibaldi já a observava.

Com seus olhos intensos e cabelo preto e volumoso, Anita logo ganhou o coração de Garibaldi. E ele, o dela. Quando se olharam pela primeira vez, ambos ficaram estáticos e silenciosos, como duas pessoas que já se conheciam. Garibaldi disse, como era razoável somente naquela época: "Tu deves ser minha!"

Anita decidiu zarpar com ele em um dos barcos. Ela era corajosa e montava a cavalo como ninguém, então passou a integrar as tropas farroupilhas que tentavam conquistar independência no Sul do país. Liderou batalhas e combateu inimigos. Passava dias e noites viajando pelas florestas. Dormia nos acampamentos e, por muito tempo, nem casa tinha para morar.

Certa vez, uma bala derrubou seu cavalo durante a batalha. Ela, então, foi levada como prisioneira, mas conseguiu fugir. Por oito dias, caminhou sozinha pelo mato, até alcançar seus parceiros. Nem Garibaldi era capaz de detê-la. Como ele mesmo descrevia: sua alma parecia impermeável ao medo.

Foi mãe de quatro filhos, que viviam com eles na tropa. Participou de lutas em Santa Catarina, no Rio Grande do Sul, no Uruguai e, finalmente, na Itália. Em 1847, chegou à Europa sozinha com os filhos – Giuseppe viria depois. Lutou ainda pela unificação da Itália. Por isso, acabou conhecida como a "heroína de dois mundos" e virou até nome de praça em Roma.

Dina

1945-1974

De quanta coragem precisa alguém para ir, aos 25 anos, para o campo de batalha? Para sair de casa, embrenhar-se no mato, estar preparada para se defender? Dizem que Dinalva não tinha medo de nada e, assim, foi parar na Guerrilha do Araguaia.

Mas antes ela teve uma história. Baiana da cidade de Castro Alves, terminou a faculdade de geologia em 1968, mesmo ano em que foi decretado, pela ditadura militar, o AI-5, uma lei dura, que tirou a liberdade das pessoas. Nessa época, ela participava do movimento estudantil: lia livros, protestava e lutava pelo fim daquele regime.

Ela decidiu ir para o Rio de Janeiro trabalhar. Nos fins de semana, fazia também trabalho social nas favelas. Mas a estada foi bem curta, pois Dina acreditava que a verdadeira luta contra a ditadura tinha que acontecer no interior do país. Em 1970, embarcou para a região do Araguaia, onde se deu o principal foco da guerrilha.

Chegando lá, trabalhou como professora e parteira de quem morava na região. Foi a única mulher a ocupar um cargo de vice-comandante na guerrilha. Entendia tudo de estratégia, pontaria e liderança.

Os militares que a perseguiam diziam que Dina sabia desaparecer como uma borboleta, sempre dando um jeito de fugir. Grávida, ela participou de um confronto no dia de Natal de 1973, última vez em que foi vista com vida e em liberdade. Meses depois, fugida na mata, foi presa e maltratada.

Dina – como tantas outras mulheres que sofreram com a violência durante os tempos sombrios do regime militar, que perderam seus filhos, que tiveram que morar em outros países – teve coragem até o último minuto de vida.

Quando não lhe restava mais nada, olhou seu algoz; tinha mais orgulho que medo:

"Vou morrer?", perguntou.

"Vai, agora você vai ter que ir."

"Eu quero morrer de frente."

Antonieta de Barros
1901-1952

A menina Antonieta não teve das melhores infâncias. Bem pequenina, ficou órfã de pai e teve que ser criada apenas pela mãe, que trabalhava como lavadeira o dia inteiro para o sustento da família.

O dinheiro era bem pouco, mas Dona Catarina, mãe de Antonieta, fazia de um tudo para garantir que a filha pudesse estudar. Na vida, dizia Antonieta, só vivem plenamente aqueles que pensam; os outros apenas se movem. Antonieta tinha certeza de que, quanto mais uma pessoa estudasse, mais feliz seria.

Com 21 anos, formou-se na escola normal. Logo criou um colégio para alfabetizar crianças e adultos que levava seu nome.

Além de trabalhar como professora, a jovem Antonieta começou a escrever para os jornais de sua cidade, Florianópolis. Como as pessoas não gostavam muito que mulheres – ainda mais negras e de origem pobre, como ela – dessem opiniões sobre as coisas importantes, Antonieta disfarçava sua assinatura. Ela usava um nome bem curioso: Maria da Ilha. Anos depois, esses textos viraram o livro *Farrapo de ideias*.

Antonieta também fundou um jornal. Nele, discutia questões de educação, política, mulheres e preconceito racial. Achava que as mulheres podiam fazer mais coisas, e não apenas serem mães. Ela queria muito cursar uma faculdade, mas, na sua cidade, a única que existia era a de direito, exclusiva para homens.

Mesmo assim, Antonieta não perdeu a vontade de mudar o mundo e decidiu entrar para um partido político. Em 1934, foi eleita deputada estadual por Santa Catarina. A primeira mulher do estado e a primeira mulher negra eleita no Brasil.

No dia, os jornais estampavam a seguinte notícia:

"Antonieta de Barros está eleita. A sua inclusão na chapa pelo Partido Liberal Catarinense foi, incontestavelmente, a maior conquista até hoje assinalada pelo feminismo em nossa terra."

Eufrásia Teixeira Leite
1850-1930

Quando era pequena, Eufrásia adorava observar, pelas janelas da casa cheinhas de plantas trepadeiras, os morros de Vassouras, no interior do Rio de Janeiro. Ela vivia em meio a fazendas de café em uma casa enorme, de 22 quartos e uma biblioteca com mais de mil livros. Um luxo só! Mas isso não lhe bastava: a menina passava horas se perguntando o que haveria para além de tudo aquilo que pertencia à família.

Queria poder ser diferente em paz. Sabia ler e escrever em várias línguas e tinha dinheiro suficiente para pagar suas contas, então casar não era preocupação. Era, sim, uma sinhazinha, porém emancipada. Não poderia continuar ali naquele povoado pela vida toda, controlada pela família e pelas pessoas que achavam que ela, por ser mulher, tinha que seguir algumas regras. Além disso, não gostava da ideia de que pessoas pudessem ser escravizadas.

Quando tinha 22 anos, seus pais morreram e ela recebeu uma herança enorme, do tamanho da riqueza do rei. Decidiu, então, ir com a irmã viver na cidade que era o centro do mundo: Paris.

No navio, ao longo da viagem pelo Oceano Atlântico, Eufrásia conheceu o grande amor da sua vida. Seu nome era Joaquim Nabuco, e ele lutava pelo fim da escravidão. Foi seu namorado durante 14 anos. Mas, como Nabuco queria morar no Brasil, e Eufrásia, na França, o namoro nunca virou casamento.

Em Paris, Eufrásia acordava cedo todos os dias e logo começava a escrever uma carta atrás da outra para cuidar de seus negócios. Eram mais de 40 por dia. Ela sabia muito bem comprar e vender os produtos na hora certa. Com isso, conseguiu multiplicar por muitas vezes a fortuna que havia recebido do pai. Tornou-se a mulher mais rica de todo o Brasil. Negociava na bolsa de valores e era dona de partes de empresas em dez países, em quatro continentes. Até no Egito, na Romênia e na Rússia.

Quando morreu, já de volta ao Brasil, deixou toda a sua fortuna para os pobres. Muita gente achou loucura, mas ela sabia que eles eram os que mais precisavam.

Ivete Vargas
1927-1984

Por muitos e muitos anos, este país chamado Brasil parecia viver uma espécie de feitiço. Ninguém sabia muito bem por quê, mas as mulheres quase nunca eram eleitas para governá-lo. Quase nunca mesmo! Apesar do direito ao voto e muitas leis, todo mundo que mandava era homem. Nesse país, uma mulher conseguiu romper o bloqueio. Ela se chamava Ivete Vargas.

Ninguém pode ignorar que Ivete levava o sobrenome do político mais conhecido daqueles tempos. Seu avô era irmão de Getúlio Vargas, que foi duas vezes presidente do Brasil.

Com 15 anos, a gaúcha Ivete começou a trabalhar no Rio de Janeiro, escrevendo em um jornal que pertencia a sua família. Logo depois, formou-se em geografia e história.

Ela estava com apenas 23 anos quando, pelo mesmo partido de seu tio-avô, elegeu-se deputada federal pelo estado de São Paulo. Isso foi em 1950, e Ivete era a única mulher. Durante seu mandato, seguindo os passos de Getúlio, ela cuidou das causas dos trabalhadores, mas com atenção às mulheres.

Em 1954, foi novamente eleita: o segundo nome mais votado do estado. Dessa vez, apenas mais uma mulher, a baiana Nita Costa, elegeu-se com ela. Não devia ser fácil estar no meio de centenas de homens, mas Ivete seguia sua vocação e não tinha medo nem das brigas com Carlos Lacerda, o maior inimigo do seu tio-avô.

Quatro anos depois, veio o terceiro mandato. De novo, foi a única mulher na Câmara dos Deputados. Ivete foi eleita também em 1962 e 1966, completando cinco vezes consecutivas em que foi escolhida como representante. Mas com o golpe militar, ela foi proibida de ser deputada.

Foram dez anos olhando o Congresso de longe, mas, assim que pôde se candidatar, em 1982, lá estava ela. E adivinhem? Foi eleita mais uma vez.

Elisa Frota Pessoa
1921

No dia da sua primeira aula de física, Elisa entrou na sala e entregou o dever para o professor. Ao ver a tarefa toda correta, ele perguntou:

"Afinal, quem gosta de matemática na sua casa: seu pai ou seu irmão mais velho?"

Pediu, então, que Elisa fosse até o quadro provar que sabia fazer os exercícios. A menina, que já tinha enfrentado o pai porque queria estudar, e não procurar um marido, foi até lá e fez. O professor percebeu que ele estava errado e virou seu grande incentivador para que chegasse à universidade.

Também não foi fácil o primeiro dia de aula na faculdade. Onde estavam as outras moças? Em uma universidade de São Paulo, havia mais duas, porém Elisa era a única mulher no curso de física do Rio de Janeiro. Seguir essa carreira era coisa apenas para homens, tanto que foi a segunda brasileira a se formar em física.

Em 1942, Elisa estava graduada, era assistente de pesquisa de física experimental e já havia se casado. Pouco depois, apesar de alguns terem dito que não passaria no concurso, foi selecionada como professora universitária. Muitas vezes, levou os filhos para o laboratório; parava de quando em quando para amamentar os bebês.

Por ser mulher, ela sempre soube o que enfrentaria em um ambiente tão masculino. Quando decidiu se separar do primeiro marido, ainda teve outros tantos problemas, pois as pessoas achavam que as mulheres tinham que ficar casadas para sempre.

Fazendo pesquisa de física nuclear, Elisa foi uma pioneira da ciência, abrindo caminhos para outras. Escreveu artigos importantes e foi uma das fundadoras do Centro Brasileiro de Pesquisas Físicas, em 1949. Deu aulas nas principais universidades brasileiras, mas, em 1969, foi denunciada como comunista e aposentada forçosamente pelo AI-5, um decreto que limitava os direitos das pessoas. Enquanto durou a ditadura, foi dar aulas em universidades no exterior. Com a democracia, retornou ao Brasil e seguiu, ainda por muitos anos, sua missão na física.

Jacqueline & Sandra
1962 e 1973

Esta é a história de uma medalha de ouro. Uma, não. Na verdade, duas medalhas de ouro; as primeiras das brasileiras em Olimpíadas, depois de 64 anos de tentativas. Elas foram conquistadas em 1996, em Atlanta, nos Estados Unidos, pelas cariocas Jacqueline Silva e Sandra Pires, no vôlei de praia.

Jackie começou a jogar bem jovem, acompanhando os pais nos fins de semana, nas areias de Copacabana. Dali, foi para o vôlei de quadra. Sandra, 11 anos mais nova, foi criada longe das praias onde o esporte era praticado. Começou a jogar vôlei na escola e de lá foi para a quadra. Só mais tarde chegaria às areias.

Meses antes dos Jogos de Atlanta, Jackie, que morava nos EUA para treinar e participar dos campeonatos norte-americanos de vôlei de praia, soube que o esporte passaria a ser olímpico. Ela era considerada a melhor jogadora brasileira, então, decidiu procurar uma dupla. Encontrou Sandra.

Na época, Sandra era bem jovem. Para treinar nos Estados Unidos, vendeu o carro velho e até largou o noivo. Trabalhar em dupla não era nada fácil. Era briga que nem de irmã. Jackie, a mais velha, estava focada. Já tinha disputado duas Olimpíadas no vôlei de quadra e não aceitaria outra medalha que não a de ouro. Sandra era a mais nova, encantada com aquilo tudo.

O Brasil começou a manhã do dia 27 de julho de 1996 com uma certeza: teria seu primeiro ouro feminino. Isso porque as duas duplas que disputavam a final do vôlei de praia eram brasileiras. De um lado da rede, Jackie e Sandra; do outro, Adriana e Mônica.

Jacqueline e Sandra ganharam a partida por dois sets a zero. O pódio era todo azul, verde e amarelo. Depois delas, ainda viriam ouros com Maurren Maggi, no atletismo em Pequim 2008; duas vitórias da seleção feminina de vôlei, em Pequim e Londres 2012; Sarah Menezes, também na Inglaterra, e Rafaela Silva, no judô, e Martine Grael e Kahena Kunze, na vela, as três no Rio, em 2016.

Bidu Sayão
1902-1999

Conta uma história antiga que, certa vez, um rouxinol salvou o imperador chinês por cantar tão bonito que acabou fazendo a morte mudar de ideia. O imperador era um velho amigo, que um dia chorou emocionado ao ouvi-lo cantar.

O Brasil também conheceu uma "pequena rouxinol", a cantora lírica Bidu Sayão que, apenas com a voz, arrepiava plateias inteiras no mundo todo.

Antes dos 10 anos, a menina Balduína já tinha a ideia fixa de viver nos palcos. Primeiro, queria ser atriz. Depois, como suas amigas, tentou aprender piano e violino. Mas, de todo professor, ouvia a mesma ladainha: "Você não tem habilidade para a música." Do outro lado, para que não desistisse, seu tio ensinava a menina a atuar em qualquer oportunidade que aparecia.

Demoraram alguns anos para Bidu descobrir que sua voz podia até ser pequena como ela, mas era potente. No meio do caminho, ainda teve que escutar dos críticos que melhor mesmo era procurar um marido e ter filhos, que boa moça não vivia em cima de palco. Mas quanto mais diziam que não conseguiria, mais Bidu se enchia de paciência, estudava música e procurava um jeito de cantar ópera que fosse só seu.

Com 17 anos, partiu para a Europa para ter aulas de canto e se apresentar: queria conquistar outras terras. Acabou conseguindo. Os palcos dos principais teatros do mundo inteiro se abriram para sua voz.

Em retribuição, Bidu soube cuidar das pessoas do mundo. Eram tempos difíceis, em que as guerras destruíam a Europa. Então, quando não estava cantando para seu público, entre eles reis e rainhas, ela gostava de cantar para os soldados nos hospitais. Chegava ao lado deles e perguntava em que idioma gostariam de ouvir uma canção.

Bidu encantou o mundo por décadas com sua voz de cristal. Já muito velhinha, mudou da ópera para o samba, quando desfilou em cima de um carro alegórico com toda a Beija-Flor de Nilópolis, que fez uma grande homenagem a sua vida.

Aracy de Carvalho
1908-2011

Quem tem a cabeça no lugar pode desconfiar de muita coisa, mas todo mundo sabe que fada madrinha é algo que existe desde que o mundo é mundo. Nem sempre elas têm varinha de condão ou sabem voar, mas são boas em resolver os problemas que todo mundo diz que são insolúveis.

Para Günter, Grete e Margarethe, além de outras dezenas de judias e judeus, o nome desta fada madrinha foi Aracy de Carvalho. Ara era funcionária do departamento de vistos do Consulado Brasileiro em Hamburgo, na Alemanha. De família germânica e falando fluentemente várias línguas, ela foi de navio do Brasil para lá em 1934, levando também o filhinho de 5 anos. A guerra ainda não havia começado, mas o país já era governado por Hitler, que não gostava de judeus.

Trabalhando no consulado, Ara conheceu o escritor Guimarães Rosa, o Joãozinho, como ela o chamava. Viveram um grande amor. Guimarães Rosa era cônsul-adjunto e se apaixonou assim que conheceu a brasileira que gostava de usar batom vermelho e era cheia de vida. (Mas deixemos essa história para outra hora.)

Quando a perseguição aos judeus pelos nazistas aumentou, Aracy soube que precisava fazer algo rapidamente. Desobedecendo às ordens do consulado, já que, naquele momento, o Brasil estava mais próximo da Alemanha e não queria receber judeus, começou a falsificar documentos. Ela mudava os endereços e não incluía nos vistos a letra "J" em vermelho, que indicava a origem judaica das pessoas. Os rumores sobre o Anjo de Hamburgo se espalharam, então ia gente de toda a Alemanha pedir sua ajuda.

Ara chegou até mesmo a levar alguns ao embarque de navio, para garantir o máximo de segurança. Não tinha medo de nada nem de ninguém, apenas pensava em salvar o maior número de pessoas possível. Tanta coragem poderia ter causado sua morte, mas, ao contrário, fez florescer a vida de muitas judias e judeus que vieram morar em nosso país.

Mãe Menininha
1894-1986

No Alto do Gantois, no Bairro da Federação, em Salvador, fica o Terreiro do Gantois, ou o Ilé Ìyá Omi Àse Ìyámasé. Foi lá que nasceu e viveu por toda a sua vida Maria Escolástica de Conceição Nazareth. Com um nome grande desses, logo lhe arranjaram um apelido e, para o resto da vida, ficou conhecida como "Menininha"; a Mãe Menininha do Gantois, a mais famosa Iyálorixá do Brasil.

Maria era membro de um candomblé, uma das importantes religiões de matriz africana do Brasil. O candomblé acredita nas forças da natureza, na ancestralidade e não cultua um Deus único, mas muitos deles.

O terreiro de Menininha era muito antigo. Ele foi fundado em 1849 por sua bisavó. Como nele a filha substitui a mãe e a neta substitui a filha no posto de sacerdotisa do templo, seu destino já estava traçado. Menininha tinha um medo enorme dessa missão, mas soube aceitá-la com amor, filha de Oxum que era.

Oxum é um orixá feminino, dos rios e cachoeiras, do amor e da prosperidade.

Com 6 anos, Menininha já dançava o candomblé e aprendia que sua vida seria dar orientação para as pessoas viverem com menos sofrimento.

Ela tinha só 28 anos quando os orixás, num jogo de búzios, confirmaram que era a escolhida. Foi uma mãe de santo poderosa. Quando as pessoas chegavam ao terreiro e a viam sentada, tal como uma deusa, todos admiravam aquela mulher tão independente e dona de si. Ela foi casada e teve filhas, mas seu marido, seguindo a tradição, morava em outra casa. No terreiro, só ficavam as meninas.

Mãe Menininha sempre acreditou no amor, tanto que construiu pontes com as outras religiões: ia à missa e convidava os católicos para o terreiro do Gantois. Quando a polícia aparecia para proibir os cultos, ela dizia: "Com tradição não se mexe, dotô. Venha participar o sinhô também." Seu terreiro era aberto a todos, assim como deve ser a nossa vida.

Zilda Arns
1934-2010

Tipsi acordou um dia muito animada. Havia tido uma ideia e colocá-la em prática não seria uma tarefa simples: queria fazer com que toda criança do seu país, quiçá do mundo, pudesse crescer saudável e feliz.

Foi correndo contar o plano aos irmãos.

Na verdade, seu nome era Zilda, mas ela gostava quando a chamavam de Tipsi: seu rosto se iluminava e as tranças douradas brilhavam mais. Criança, Tipsi adorava nadar no rio ao lado de casa. Aos domingos, ia à Igreja, tocava piano e cantava. Desde cedo, trabalhou na olaria do pai e, se a mãe deixava, ainda ajudava a fazer os partos na região.

Quando cresceu, decidiu estudar para ser médica. Na Alemanha, de onde vinha sua família, muitas mulheres já haviam seguido essa carreira. Seu desejo era cuidar das pessoas que mais precisavam.

Ela se tornou pediatra e especialista em saúde pública. Quando estava estudando, vivia encafifada com a seguinte pergunta: como pode tanta criança morrer por doenças que têm cura?

Tipsi decidiu que era hora de colocar sua ideia em prática. Primeiro, cuidou da vacinação de combate à poliomielite. Depois, passou a ensinar, no Brasil inteiro, que havia uma poção – nem um pouco mágica – capaz de salvar vidas: o soro caseiro. O soro é uma mistura de água limpa, uma colher de açúcar e uma pitada de sal, que serve como um remédio, bem fácil de fazer.

Assim, em 1983, ela criou a Pastoral da Criança, uma ação de centenas de milhares de pessoas para cuidar da saúde de meninas e meninos. Desde então, as voluntárias, além de ensinar sobre o soro e o valor do leite materno, pesam os bebês em umas gerigonças que ficam penduradas em árvores. Juntas, elas já conseguiram salvar milhões de crianças.

Dona Zilda Arns era durona e incansável. Não tinha medo de político nem de homem bravo. Ela sabia que fazer o bem era o mais importante. Acabou sendo tão amada por tanta gente em todo o Brasil que foi até indicada ao Prêmio Nobel da Paz.

Fernanda Montenegro
1929

Era uma vez uma menina chamada Arlette, que nasceu com um talento muito especial: sabia atuar no palco como quase ninguém. Por isso, todo mundo diria mais tarde que era a grande dama do teatro brasileiro. Ela mesma achava que era apenas uma pessoa comum.

Arlette começou sua carreira como radioatriz, lendo textos de teatro, no Rio de Janeiro, quando tinha 15 anos. Era esmirradinha, não pesava muito mais que 40 quilos, mas, quando interpretava as peças, apenas com seu tom de voz, sabia dar emoção àquelas histórias. Virava uma giganta. Desse jeito foi por toda a vida.

Até então, seu nome era esse mesmo, mas ela colocou na cabeça que precisava mudar para algo mais forte e escolheu o nome Fernanda e o sobrenome Montenegro para chamar de seus. Concebeu ali a grande atriz.

Ao lado da rádio, onde trabalhou por 10 anos, havia um grupo de teatro amador, e lá foi parar Fernanda. Conheceu seu marido, Fernando Torres, com quem foi casada a vida toda e construiu uma família do mundo das artes. Na época, para aprender, Fernanda via peças amadoras sem parar. Só *Hamlet*, foram 17 vezes. Pouco depois, em 1950, estreou nos palcos. O grande público foi conhecê-la na TV Tupi, onde fez dezenas de peças que eram exibidas na tela. No cinema, estreou em 1964, em *A Falecida*.

Durante a ditadura militar, ela e o marido foram ameaçados. Eram tempos sem liberdade, então tiveram que cancelar espetáculos e até encenaram com as luzes acesas para não correr riscos.

Fernanda manteve sua altivez. É que ela está mais para formiga que para cigarra. Sabe tecer com paciência cada uma das cenas e personagens. O teatro e seus mistérios sempre foram seu grande amor, sua vida.

Nem a fama das novelas de televisão mudou isso. Também o cinema lhe proporcionou muitas alegrias: por sua atuação como Dora, no filme *Central do Brasil*, foi a única brasileira na história a ser indicada ao Oscar de melhor atriz. Até hoje, com mais de 60 anos de carreira, o palco é sua grande paixão.

Maria Rita Soares

1904-1998

Quando ainda era criança, Maria Rita perdeu a mãe. O pai teve que cuidar dos quatro filhos em Aracaju. Ele era analfabeto e acalentava para a única filha o sonho de que fosse médica, mas ela queria seguir a carreira de direito. Exames feitos, foi morar num convento em Salvador, onde dava aulas em troca de abrigo.

Em 1926, já era bacharel. Imaginem só: uma mulher tendo a ousadia de entrar numa faculdade dessas. E melhor de tudo: saindo formada! Não foi nada fácil. Ao longo da faculdade, Maria Rita já trabalhava como advogada para ajudar a família.

Quando voltou a Sergipe, fez concurso para dar aulas, mas não foi chamada por ser mulher. Ficou muito brava. Depois, teve um desentendimento com um juiz poderoso. Ali soube que não teria mais oportunidades em sua terra natal. Arrumou as malas, anotou uns nomes e se mudou para o Rio de Janeiro.

Nessa época, ela já participava do movimento feminista, era amiga de Bertha Lutz e dirigia uma revista chamada *Renovação*, que denunciava injustiças. Chegou também a ser secretária da Fundação Brasileira pelo Progresso Feminino.

Maria Rita era do partido de oposição a Getúlio Vargas, o então presidente do Brasil. Para protestar contra a censura durante o Estado Novo, andava pelos tribunais com uma rolha pendurada num colar. Quando perguntavam o que era, dizia: "Não posso falar o que penso." Foi uma grande defensora dos perseguidos políticos, para quem trabalhava de graça por puro idealismo.

Ela sempre acreditou que todos têm o direito à defesa, talvez por isso fazia questão de ter amigos das mais variadas correntes. Abrigava quem precisasse em sua casa e, muitas vezes, inovou em suas sentenças.

Em 1967, foi indicada para ser juíza federal; a primeira mulher no país. Assim como foi, também, a primeira a integrar o Conselho Federal da Ordem dos Advogados. Em 1986, num artigo de jornal como tantos que escreveu, disse que esperava o dia em que uma mulher seria ministra do Supremo Tribunal Federal. Morreu sem ter visto Ellen Gracie assumir no ano 2000.

Margarida Maria Alves
1933-1983

Margarida dizia sempre que preferia morrer lutando a morrer de fome. Assim viveu boa parte da vida. Ela foi uma das principais líderes do movimento dos trabalhadores do campo no Brasil e até hoje inspira muitas camponesas.

Morando numa região de plantação de cana na Paraíba, Margarida via muitas mulheres e crianças que trabalhavam o dia todo, todos os dias, em troca de trocados. Ela mesma começou a trabalhar quando tinha 8 anos e estudou só até aprender a ler e fazer as contas. Era a caçula de uma família de nove irmãos.

A realidade do trabalho nos canaviais lhe parecia muito injusta. Ela então decidiu organizar trabalhadoras e trabalhadores para batalharem por seus direitos. Por 12 anos, foi a presidente do Sindicato dos Trabalhadores Rurais de Alagoa Grande.

Todo dia, saía da sua casinha de quatro cômodos e parede amarela para ir conversar na plantação. Sabia ouvir e sabia falar das coisas da terra. Defendia que era preciso ter as mesmas leis para os trabalhadores do campo e da cidade. O patrão precisava assinar os documentos, garantir uma terra, e também devia existir um limite de horas para cortar cana que permitisse às camponesas, ao menos, comer e dormir.

Margarida acreditava que a educação tinha o poder de mudar a vida das pessoas, por isso ajudou a fundar o Centro de Educação e Cultura do Trabalhador Rural. Agindo em conjunto, era possível conseguir mais direitos.

Porém, toda essa determinação de Margarida para a luta incomodava muita gente poderosa. Ela acabou morta com um tiro. Seu nome é hoje homenageado na Marcha das Margaridas, que reúne trabalhadoras do campo de todo país.

Soledade, sua amiga cordelista, assim escreveu:

"Dia 12 de agosto nasceu um sol diferente

um aspecto de tristeza, o sol frio em vez de quente

Era Deus dando o sinal da morte de uma inocente."

Dilma
1947

Dilminha tinha o mesmo nome da mãe, por isso só a chamavam no diminutivo. O segundo nome, Vana, foi dado em homenagem à irmã do pai, que imigrou da Bulgária. Ao longo da vida, ela se chamaria também Estela, Vanda, Luiza, codinomes seus no combate ao regime militar. Mas seria mundialmente conhecida como Dilma Rousseff, a primeira mulher presidente do Brasil.

Quando pequena, ela gostava de brincar de subir em árvores e se esconder pelas ruas de Belo Horizonte. Também descia sem freio as ladeiras com sua bicicleta amarela enfeitada com o Mickey, presente do aniversário de 7 anos. Tinha os cabelos longos e usava óculos do tipo fundo de garrafa.

Dilma não queria ser professora como outras colegas; foi estudar economia. Já eram os tempos do regime militar, então entrou para um grupo que lutava contra a ditadura distribuindo jornais informativos e protestando. Com 19 anos, estava na faculdade, casada e seguia no movimento dos estudantes. Naquela época, a polícia perseguia quem fazia essas ações. Como Belo Horizonte não era uma cidade tão grande assim, todo mundo sabia o que Dilma fazia. Ela acabou, então, fugindo para o Rio de Janeiro.

Na nova cidade, entrou em um grupo que decidiu usar armas em suas ações. Dilma viveu um ano na clandestinidade: não podia ver sua família, nem seus amigos de antes e mudava de casa toda hora. Em 1970, foi presa por subversão e, por 22 dias, apanhou, levou choques e ficou sem dormir. Mas resistiu e foi condenada a quase três anos de cadeia. Lia livros, fazia e desfazia crochê para passar o tempo. Quando foi solta, tinha 25 anos e foi morar em Porto Alegre. Lá fez um novo vestibular para economia e teve sua primeira e única filha. Nunca deixou de participar do movimento político.

Dilma foi secretária de fazenda de Porto Alegre, de energia do Rio Grande do Sul e, em 2003, tornou-se uma das raras ministras brasileiras, também de energia. Depois foi ainda ministra da Casa Civil. Em 2010, chegou seu grande momento, quando foi eleita a primeira presidente do Brasil, com mais de 55 milhões de votos. Em 2014, foi reeleita, mas não conseguiu terminar o mandato; foi afastada em agosto de 2016.

Elza Soares
1937

Elza foi grande e pequena a vida toda. Pequena era só no tamanho: bem cedo, teve que virar gente grande. Aprendeu a cantar com a mãe lavadeira, cuidando da roupa. Trabalhava quando era preciso, mas gostava era de brincar empinando pipa.

Com 12 anos, já estava casada por ordem do pai e, com 13, teve seu primeiro filho. A pobreza era tanta que perdeu muito cedo dois filhos e o marido, porque ficaram doentes e faltava dinheiro para comprar os remédios. Ainda adolescente foi trabalhar numa fábrica de sabão, mas o salário era pouco.

Para que isso não acontecesse mais, Elza decidiu soltar o vozeirão. Foi para a rádio cantar e tentar uns trocados. Quando chegou, o apresentador, caçoando da sua roupa simples, perguntou:

"Minha filha, mas de que planeta você vem?"

E Elza respondeu:

"Venho do planeta fome."

A plateia ficou muda e foi prestar atenção na moça faminta e corajosa. Quando abriu a boca para cantar, todos ficaram também de boca aberta. Ela sabia fazer uns sons incríveis com a voz! O apresentador, então, mudou o tom e falou:

"Estamos vendo o nascimento de uma estrela."

Elza passou a cantar na rádio e fazer espetáculos até na Argentina. Em 1960, gravou seu primeiro disco. Dois anos depois, fez um show na Copa do Mundo do Chile e lá começou a namorar o ídolo do futebol Mané Garrincha. Teve que enfrentar a tudo e a todos por essa paixão.

Era uma grande cantora de samba, porém, depois do auge da sua carreira, viveu anos difíceis; pensou em desistir da música e virar professora. Foi quando perdeu mais um filho e sua dor ficou gigante, então decidiu dar um tempo do Brasil.

Mas, em 2002, ressurgiu tal como a fênix que tem tatuada na perna. Cheia de ousadia, falando de machismo e racismo, voltou a arrebatar as plateias, cantando que a carne mais barata do mercado é a carne negra.

Clarice Lispector
1920-1977

Clarice uma vez escreveu que tudo no mundo começa com um sim. Mas tem, sim, umas coisas na vida que começam com um não. Quando era recém-nascida, Clarice e sua família, por serem judias, não foram mais queridas na Ucrânia, sua terra natal. Seus pais decidiram vir morar no Brasil. De navio, ela atravessou meio mundo.

Morou em Maceió, Recife e, finalmente, Rio de Janeiro. Antes de aprender a escrever, já confabulava histórias que nunca tinham um fim. Também lia muitos livros, que escolhia apenas pelo título. Escreveu por toda a adolescência de forma intensa e caótica. Quando terminava um conto, batia na redação do jornal e perguntava se queriam publicar. Em 1943, saiu seu primeiro romance, *Perto do coração selvagem*. Sua forma de escrever era absolutamente inovadora! Todos tentavam entender o mistério daquele texto escrito aos pedaços, confundindo começo, meio e fim.

Acontece que, pouco depois do lançamento, ela se casou com um diplomata e foi viver no exterior. Clarice não tinha muita paciência para aquela vida cheia de compromissos sociais; não combinava com ela. Nesses anos, teve seus dois filhos e continuou criando histórias com a máquina de escrever no colo, no meio da sala, enquanto as crianças iam crescendo. Sua salvação para a tristeza sempre foi a escrita. Gostou quando, uns 15 anos depois, pôde voltar ao Brasil, que, afinal, era a sua terra.

Clarice dizia que era uma amadora, não aceitava escrever por obrigação. Porém, para pagar as contas, publicava seus textos em jornais. Se não gostava do que escrevia, rasgava os papéis só de raiva, mas certa vez chegou a sofrer queimaduras graves para salvar o texto de um incêndio em seu apartamento.

Ela era boa nos temas profundos e sempre preferiu personagens mulheres, além de ser fã dos animais. Gostava de viver perto deles, principalmente de seu cachorro Ulisses, que comia pontas de cigarro e bebia uísque. Escreveu, entre outras, a história de uma mulher que matou os peixes e a da galinha Laura.

Seus livros foram traduzidos para várias línguas e, até hoje, sua escrita é adorada no mundo todo.

Cora Coralina
1889-1985

Tem gente que escreve como uma avalanche. Vem palavra, vem rolando que nem pedra, vem carregando tudo, até virar um texto. Tem gente, como Cora Coralina, que escreve como quem prepara um bolo quentinho, que sabe que uma colher a mais de açúcar ou de farinha pode estragar a receita de falar manso sobre as coisas simples.

Cora era mestra em conhecer o ponto. Tanto que foi doceira e poetisa. Com os doces, ganhava dinheiro; a poesia dava sentido a sua vida.

Sua história com as palavras começou bem cedo no interior de Goiás, quando tinha 14 anos e participava de círculos literários. Depois fugiu para se casar, teve seis filhos e morou também em várias cidades de São Paulo.

O nome Cora ela inventou nessas de escrever. De verdade, chamava-se Anna, ou Anninha da Ponte da Lapa. Cora Coralina significava o coração vermelho que pulsava, mas era também uma homenagem ao Rio Vermelho, que passava atrás de sua casa. Ela cursou apenas quatro anos na escola, então lia muito para aprender o maior número de palavras. Gostava de falar do cotidiano: os goles de café, a casa, o gado, o milho, a chuva.

Já era bem velhinha, com 75 anos, quando publicou seu primeiro livro, tanto que dos 14 escritos, apenas três saíram com ela ainda viva. Cora tinha dentro de si "um porãozinho", que manteve fechado por muitos anos até que, ao voltar para sua cidade em Goiás, dele saíram poesias sem-fim. Seu dicionário vivia cheio de melado e manteiga, que respingavam dos doces que preparava.

No fim de 1980, quando já era uma poetisa nonagenária, Cora recebeu de presente uma crônica de Carlos Drummond de Andrade. Derretido, dizia o poeta que Cora era um diamante goiano cintilando na solidão, a mais importante pessoa de Goiás, mais que todos os homens influentes de seu estado. O endosso fez com que fosse conhecida em todo o país. Escrevendo laboriosamente os seus versos entre as pedras que a esmagavam, ela recebeu até o título de Doutor *Honoris Causa*.

Dandara
????-????

Conta a lenda que, num passado nem tão distante, houve uma heroína de quem ninguém jamais se esqueceu, por mais que tenha deixado poucos rastros nos documentos e livros de história. Seu nome era Dandara, e, dizem, foi a mulher mais importante do Quilombo dos Palmares, onde reinou junto com seu companheiro Zumbi.

O quilombo era para onde iam os negros escravizados que conseguiam fugir de seus donos. Palmares ficava no estado de Alagoas e foi o mais importante do Brasil, chegando a ter 30 mil pessoas em diferentes aldeias no século XVII. Para chegar até lá, os fugitivos caminhavam por muitos dias no meio do mato, e vários morriam pelo caminho. Porém, quem resistia podia viver em liberdade.

Contam que Dandara chegou bem novinha à Serra da Barriga, onde ficava o quilombo. Lá, diz a lenda, tornou-se uma grande capoeirista e liderou muitas batalhas, com sua coragem para resistir aos ataques que vinham das forças escravagistas.

Alguns dizem que ela veio da nação africana Jeje Mahin. Com Zumbi, teve três filhos e construiu toda a vida em Palmares. Eles caçavam, teciam e cultivavam alimentos, como milho, mandioca, banana, feijão. Também sabiam fazer instrumentos para usar na agricultura e armas para combater os invasores. As casas eram construídas de madeira.

Dandara cuidava dessas coisas, mas também coordenava a política e a produção nas aldeias.

Mas a paz nunca foi uma certeza. Depois de uns anos, Palmares passou a ser constantemente atacado. O governo tentou negociar a liberdade dos palmarinos se eles entregassem os novos fugitivos. Dandara então, dizem, recusou-se:

"Não aceito acordo que não seja de liberdade para todos!"

Defendendo a própria liberdade, Dandara teria se jogado de uma pedreira ao ver que poderia ser novamente escravizada. Mas ela vive até hoje como a verdadeira Princesa Negra, no coração das mulheres batalhadoras.

Pagu
1910-1962

Patrícia tinha 14 anos quando fez uma promessa: "Só serei aquilo em que creio." Mesmo sendo muitas coisas ao longo da vida – ilustradora, atriz, escritora, tradutora, jornalista, militante comunista, musa modernista –, disso ela não abriu mão. Em alguns momentos, pagou com a sua liberdade: foi presa mais de uma dezena de vezes.

Começou cedo esta vontade de virar o mundo do avesso. Pulava cerca com os meninos e não aceitava seguir regras, para desespero dos pais. Muita gente olhava torto, mas ela nem ligava. Com 15 anos, quando ainda era conhecida por Patsy, passou a escrever no jornal do seu bairro.

Era muito admirada. Numa dessas, acabou conhecendo Raul Bopp, um dos poetas do modernismo. Foi ele quem a batizou Pagu e, para ela, escreveu: "Pagu tem uns olhos moles, uns olhos de fazer doer." Daí para chegar ao casal Tarsila do Amaral e Oswald de Andrade foi um pulo; ambos caíram de amores pela mocinha de roupas extravagantes, maquiagem forte e sede de vida.

Acontece que Pagu e Oswald se apaixonaram e decidiram fugir. Logo nasceu o primeiro filho dos dois. Juntos entraram para o Partido Comunista. Pagu escrevia textos e fazia protestos. Pouco depois, foi detida. Contam que foi a primeira presa política da história do Brasil.

Em 1933, ela publicou o livro *Parque Industrial*, usando outro nome para disfarçar. Mas seu sonho mesmo era viajar, então foi sozinha dar a volta ao mundo. Conheceu Estados Unidos, Japão, China, Rússia, Alemanha e França escrevendo reportagens. Acabou presa em Paris em um protesto e teve que retornar. Na volta, foram mais cinco anos de cadeia.

Ela pesava 44 quilos quando saiu da prisão; estava machucada e sentia saudades de ver o luar. Casou-se de novo e teve mais um filho. Acabou se afastando um pouco da política, mas continuou atuando com grupos de teatro e traduzindo obras de grandes nomes, como James Joyce e Jorge Luis Borges.

Leila Diniz
1945-1972

Liberdade. Era só nisso que Leila pensava. Era livre e ponto. Não havia política ou movimento que tirassem da sua cabeça a ideia de que a mulher era dona do próprio nariz – assim como de suas pernas, barriga, mãos e, também, vontades.

Leila fazia o que queria e não escondia seus sentimentos, mesmo numa época em que todo mundo pensava que mulher tinha que ser quietinha e comportada. Ela era bem jovem quando saiu da casa dos pais e foi viver sozinha. Para conseguir se sustentar, trabalhava contando histórias nas escolas. Adorava as crianças, então ia inventando uns enredos enrolados enquanto fazia uma enorme bagunça trocando os lanches.

Não durou muito a Leila professora. Logo, ela já estava sobre o palco, como dançarina. Depois do teatro – que achava um pouco chato, porque repetia todo dia –, foi trabalhar no cinema. Chegou então às novelas na televisão e ficou conhecida em todo o país.

Era mesmo uma sujeitinha carismática, que conquistava a todos, pois sabia ser irreverente à moda de Leila. Virou um símbolo; uma musa revolucionária dos costumes.

Leila era uma mulher sem regras, mas tinha sua rotina: fazia ginástica e comia frutas e saladas, para ter sempre saúde. Gostava de rir bem alto, até o som encher a casa. Quando engravidou de sua única filha, decidiu que a barriga precisava tomar um pouco de sol. Vestiu o biquíni e foi para a Praia de Ipanema. Foi um escândalo! As pessoas achavam que o barrigão precisava ficar escondido, mas Leila não estava nem aí para essas bobagens. Desfilava fantasiada na escola de samba e falava o que lhe vinha à cabeça.

Numa dessas, deu uma famosa entrevista ao jornal *Pasquim*. Defendeu tanto a liberdade que foi proibida de falar do assunto. Mas só se arrependeu do que deixou de fazer. Seu apreço por uma vida livre era inesgotável, assim como a paixão pelo mar e por amar, tanto que escreveu:

"Brigam Espanha e Holanda
Pelos direitos do mar
Porque não sabem que o mar
é de quem o sabe amar."

Bertha Lutz
1894-1976

Se o feminismo tivesse uma mãe, no Brasil, o nome dela seria Bertha Lutz. Feminismo, para quem ainda não conhece essa palavra, é a ideia defendida por muitas mulheres de que elas precisam ter os mesmos direitos que os homens: nem menos, nem mais. Parece engraçado ter que batalhar por isso, mas – acreditem – a luta de Bertha, que começou há um século, continua bastante atual.

Bertha se formou bióloga na Sorbonne, uma universidade importante da França. Quando estudava na Europa, conheceu muitas mulheres que protestavam para garantir seus direitos, principalmente o de votar. Ela então pensou que precisava fazer algo assim quando chegasse ao Brasil.

Ao retornar, logo foi trabalhar no Museu Nacional, mas não havia o que tirasse a questão feminista da cabeça da moça. Em 1918, mesmo ano de sua volta, escreveu no jornal o artigo "Somos filhos de tais mulheres", defendendo a participação política da mulher. O texto marcou para sempre a história do feminismo no Brasil.

Por suas atividades, Bertha acabou convidada para participar de várias conferências no exterior. Ela ficou tão inspirada por esses movimentos que criou, com outras mulheres, a Federação Brasileira pelo Progresso Feminino, a FBPF.

Apesar de ter sido uma das vozes mais importantes na defesa do direito ao voto, quando se candidatou em 1934, Bertha foi apenas eleita deputada suplente. Dois anos depois, assumiu o cargo, sempre preocupada em propor políticas que ajudassem a melhorar a vida das mulheres. Como em 1937 foi decretado o Estado Novo e o Congresso foi fechado, adeus mandato.

Depois disso, Bertha continuou representando o Brasil pelo mundo em diversos encontros para tratar do direito das mulheres. Foi até premiada com o título Mulher das Américas. Em meio a toda essa militância, ainda teve tempo para cuidar de sua carreira de bióloga. Estudou os anfíbios brasileiros e deu até nome a uma lagartixa de praia: é a *Liolaemus lutzae*.

Carolina Maria de Jesus
1914-1977

Carolina era uma menina muito sabida. Dedicada também. No dia em que ela se deu conta de que sabia ler, juntando as letras diante de um cartaz de cinema, chegou em casa correndo: "Mamãe, eu já sei ler." A mãe não acreditava: "Está ficando louca?" Ela buscou o primeiro pedaço recortado de jornal numa gaveta e provou.

As letras das placas na rua, agora juntas, faziam tudo ter sentido na sua vida.

Desde então, como não tinha dinheiro para comprar livros novos, ela passou a procurar qualquer canto de jornal, livro velho ou bula de remédio. Saiu da sua Sacramento, em Minas Gerais, e foi para a grande metrópole, a São Paulo dos anos 1940. Trabalhou como empregada doméstica e lia nas bibliotecas das casas dos patrões.

Depois foi catadora de papel. "A favela aproveita e transforma o que a cidade não quer", dizia ela. Disso, fazia dinheiro e o sustento de seus três filhos. Mas à noite, quando dormia e sonhava com salões em festa, deixava o lápis debaixo do travesseiro, para o caso de ter alguma inspiração. Era mesmo uma moça das letras.

Carolina de Jesus era favelada, mãe, escritora, livre e audaciosa. Escrevendo em cantos de caderno que encontrava no lixo, compôs poemas, músicas e um diário contando seu dia a dia na favela. A vida não era justa com as pessoas pobres, e ela bem sabia disso.

Seu livro *Quarto de despejo* foi lido nos anos 1960 de uma ponta a outra do Brasil; dos Estados Unidos ao Irã. Além dele, escreveu também *Casa de alvenaria* e *Pedaços da fome*. Numa mala em sua casinha, onde morreu pobre de dinheiro, mas rica em felicidade, guardou todos os exemplares juntos, seus outros filhos: as 11 diferentes versões traduzidas da obra-prima. Lá permaneceram todas, juntinhas, enlaçando e protegendo o sonho realizado de Carolina.

Elis Regina
1945-1982

Elis não era deste mundo. Ou por acaso você já viu alguma humana que tem magia no cantar? Pois, saiba, Elis tinha este poder: transformava com sua voz qualquer música em riso, dor, loucura, saudade. Dizem que o nome disso é dom, mas, apenas neste caso, chamemos de paixão.

A menina nasceu no Rio Grande do Sul e pequena já tinha um jeito personalíssimo de ser e cantar. Com 7 anos, tentou se apresentar, mas ficou com tanta vergonha que desistiu. Chegou ao rádio, então, com 11 anos e, aos 15, gravou seu primeiro disco. Pouco depois, foi para o Rio de Janeiro tentar a sorte como cantora. As coisas não aconteceram exatamente como ela esperava, mas acabou indo parar no Beco das Garrafas, uma ruela de casas de show, onde pediu uma chance para mostrar seu talento.

Quando Elis entoou a primeira nota, ninguém conseguia acreditar: a gaúcha sabia fazer de sua voz um instrumento musical cheio de ritmo. Era afinadíssima e – principalmente – intensa.

Do alto de seu 1,53 metro, a Pimentinha arrebatou os brasileiros quando tinha 20 anos e se apresentou no 1º Festival de Música Brasileira com a canção "Arrastão". Logo foi convidada para apresentar um programa de TV. Depois, vieram muitas outras gravações memoráveis: "Águas de março", "Como nossos pais", "Romaria". Dizem que nenhuma cantora queria tentar uma interpretação depois que Elis já tivesse feito sua versão.

Ela era do tipo que fala o que pensa, então cantava a música de que gostava e adorava descobrir novos compositores. Selecionava as canções, estudava as letras e pensava em como dar à melodia e à poesia um toque especial. Ao longo da carreira, fez espetáculos lotados e gravou quase 30 discos. Seu cantar beirava a perfeição.

Teve três filhos e dois casamentos. Apresentou-se com sucesso em vários países da Europa, mas insistia que no Brasil era onde habitavam sua cultura e seu coração.

A estrela Elis brilhou intensamente por um brevíssimo tempo. Porém, seu jeito apaixonado e inteiro de estar no mundo e de cantar fizeram da Pimentinha uma artista inesquecível.

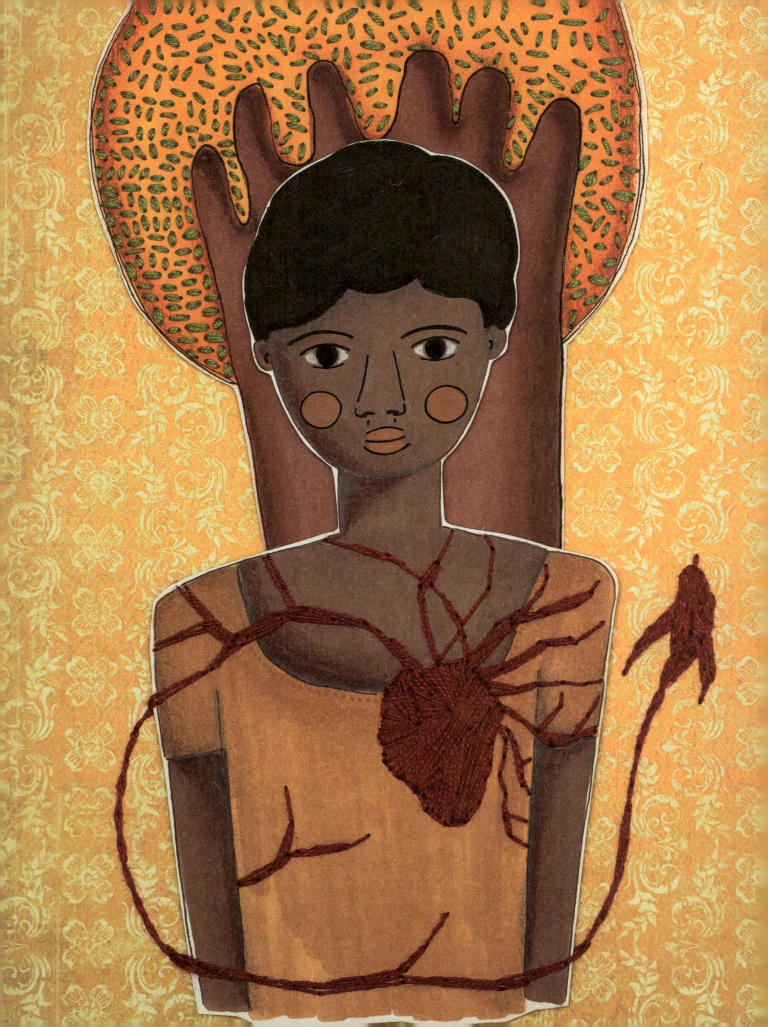

Laudelina de Campos Melo
1904-1991

Nina tinha apenas 7 anos quando perdeu o pai. Ele sofreu um acidente quando cortava uma árvore bem longe de casa. Ali a menina recebeu uma notícia: teria que largar os estudos para cuidar dos cinco irmãos e de dois sobrinhos, enquanto a mãe ia fazer dinheiro trabalhando em um hotel. Nessa época, morava em Poços de Caldas, Minas Gerais.

A vida era bem dura. Não fazia tanto tempo que a escravidão havia terminado, então muitos patrões achavam que ainda podiam tratar seus funcionários como escravos, inclusive com castigos físicos. Laudelina não aceitava aquela violência, fazia questão de enfrentar o que fosse para proteger a mãe. Tinha garra para qualquer batalha.

Se estava na igreja e chegava uma pessoa branca, tinha que sair de seu banco e ir sentar lá no fundo. Ela logo pensava: isso não está certo, não é justo! Acabou dedicando sua vida a defender os direitos dos negros e das mulheres.

Com 20 anos, foi trabalhar numa casa de família em Santos, litoral de São Paulo. Lá começou a participar de um movimento com a Frente Negra: ajudava a organizar eventos de arte e debates. Em 1936, fundou a Associação de Empregadas Domésticas de Santos.

Anos depois, foi morar em Campinas. Começou a procurar emprego e tomou um susto ao abrir o jornal: "Procura-se empregada, prefere-se portuguesa"; "Procura-se cozinheira, prefere-se branca". As patroas não queriam negras feito ela. Nina ficou indignada e foi até o jornal reclamar dos anúncios, que nunca mais foram vistos por lá.

Sua ação com as trabalhadoras continuou em Campinas, onde fundou um sindicato de domésticas que continuou funcionando mesmo depois de ter sido fechado pela ditadura. O ativismo de Laudelina foi fundamental para a mudança das leis que protegiam, ou melhor, não protegiam as empregadas domésticas. Tanto que somente em 1972 elas tiveram garantido o direito da carteira assinada e da aposentadoria.

Lygia Clark
1920-1988

A trajetória artística da não artista Lygia Clark é um tanto quanto complexa. Aliás, como muita coisa bacana nesta vida. Ela começou pintando quadros como os que conhecemos, com tela e moldura. Eles mostravam imagens com formas geométricas. Depois, surgiram figuras que se encaixavam como peças de quebra-cabeça. Esses quebra-cabeças acabaram ganhando forma em três dimensões. Os materiais das obras também foram mudando: da madeira para o metal; do metal para a borracha; da borracha para o ar.

Lygia era o que muita gente chamaria de artista plástica contemporânea, mas ela mesma não gostava desse título. Achava que o artista não tinha que dar respostas, que a obra de arte só estava completa com a participação de quem a observava. Era uma po-ten-ci-a-li-da-de, que é quando uma coisa tem tudo para ser, mas ainda não é. Por isso, defendia a arte relacional, que entende que quem vê é também autor.

Ela começou a estudar no Rio de Janeiro e depois foi para Paris, destino de todos os artistas que queriam aprender mais. Foi na França onde estreou sua primeira exposição individual, em 1952. Viveu sua vida um pouco lá, um pouco no Rio. Era uma das representantes do neoconcretismo.

A não artista queria desafiar o que todo mundo achava normal. E perguntava, afinal, o que é uma pintura? Uma escultura? Uma obra de arte? Certa vez, decidiu pintar também a moldura para mostrar que a arte não se enquadrava, ela saía por todos os lados. Depois passou a fazer performances, que é algo difícil de explicar, mas fácil de sentir.

Uma das suas séries era sobre bichos, esculturas que só existiam quando manipuladas. Cada pessoa podia chegar e criar um bicho diferente. Lygia dizia que dentro de sua barriga morava um pássaro e dentro de seu peito, um leão. Ambos viviam em movimento no corpo das pessoas, que estão sempre gerando coisas novas, num mundo que se transforma. Essas mudanças é que interessavam.

Lygia causou polêmica, mas teve um caminho de sucesso no Brasil e no exterior. Em 1968, ela ganhou uma sala especial na Bienal de Veneza. Em 2013, sua obra *Superfície Modulada nº. 4* bateu recorde de preço de venda em um leilão.

Maria Lenk
1915-2007

Quando Maria nasceu, todo mundo achava que ela era uma menina comum. Mas Maria guardava um segredo: enquanto as outras garotas viviam bem em terra firme, o hábitat dela era a água. (Há quem diga até que tinha escamas de peixe.)

Maria descobriu isso de um jeito triste. É que sua irmã gêmea morreu quando eram bem novas. Um pouco depois, Maria teve uma pneumonia dupla, uma doença muito grave. Seu pai ficou desesperado: não queria perder mais uma filha. Decidiu que a menina faria natação para ter uma saúde de ferro.

Ela aprendeu a nadar nas águas do Tietê, em plena cidade de São Paulo. Naquela época, o rio era bem mais limpo. Quando mergulhou: eureca! Descobriu que a água era onde se sentia bem.

Com 17 anos, ganhou sua primeira Travessia de São Paulo, no mesmo rio Tietê. Por quatro anos consecutivos, repetiu o feito.

A habilidade de Maria Lenk chamou a atenção dos organizadores das Olimpíadas de Los Angeles, em 1932. Ela quase não acreditou quando o pai disse que, sim, poderia viajar com 82 homens, por 30 dias num navio, para chegar aos jogos. Usando um maiô emprestado e com dinheiro da venda de sacas de café, foi a primeira sul-americana a participar de uma Olimpíada.

Em 1936, ela repetiu o feito na Alemanha. Mais que isso: inventou o estilo borboleta, uma variação do nado peito. Três anos depois, quando se preparava para as Olimpíadas de 1940, Maria Lenk quebrou dois recordes e foi a única brasileira a fazer isso. Porém, com a Segunda Guerra Mundial, os jogos foram suspensos, e Maria não conseguiu disputar a medalha justamente quando tinha mais chances.

Ela ficou triste, mas continuou a nadar. Ao longo da vida, bateu mais de quarenta recordes e competiu até os 90 anos. Mesmo bem velhinha, nadava 1.500 metros na piscina e, às vezes, até no mar. Mas ninguém se preocupava, afinal, todo mundo sabia que a água era a sua casa.

DESENHE AQUI →

NOME: _____

_____

_____

NASCIMENTO: _____

HISTÓRIA INCRÍVEL

DESENHE AQUI →

NOME: _____

_____

_____

NASCIMENTO: _____

HISTÓRIA INCRÍVEL

DESENHE AQUI

NOME: _____

NASCIMENTO: _____

HISTÓRIA INCRÍVEL

DESENHE AQUI →

NOME: _____
_____
_____

NASCIMENTO: _____

HISTÓRIA INCRÍVEL

_____
_____
_____
_____
_____
_____
_____
_____
_____
_____
_____
_____
_____
_____
_____
_____
_____
_____
_____
_____

AGRADECIMENTOS

Ana Amorim, Ana Lima, Ana Maria Ferreira, Andreia Amaral, Antonio Gois, Betina Fresneda, Caroline Caldas, Claudia Lamego, Dandara Tinoco, Daniel Vila-Nova, Daniel Ferreira, Denise Thomé, Flavia Oliveira, Francisco Thomé, Helio Sussekind, Hildete Pereira de Melo, Keila Grinberg, Jacqueline Pitanguy, Luciana Medeiros, Luciana Namorato, Ludmila Machado, Luiz Augusto Campos, Marceu Vieira, Margheritta Tostes, MdQuinta, Miriam Leitão, Pedro Paulo Malta, Rafa Ramirez, Renata Rodrigues, Renato Franco, Rosa Thomé, Rosemere dos Santos, Ana Ruth Goes, Tiago Campante, Tina Correia, Veronica Toste.

ILUSTRADORAS

CAROL CARVALHAL
 carolcarvalhalilustra

Pg. 42 Ruth de Souza
Pg. 60 Antonieta de Barros
Pg. 74 Mãe Menininha do Gantois

CHIQUINHA
 kindumbadaana

Pg. 30 Maria da Penha
Pg. 64 Ivete Vargas
Pg. 92 Dandara

EVA UVIEDO
 evauviedo.com.br

Pg. 54 Chiquinha Gonzaga
Pg. 66 Elisa Frota Pessoa
Pg. 108 Maria Lenk

FERNANDA NIA
 fernandania.com

Pg. 24 Marta
Pg. 36 Carlota Pereira de Queirós
Pg. 44 Princesa Isabel
Pg. 62 Eufrásia Teixeira Leite

FRAN JUNQUEIRA
 franjunqueira.wixsite.com/desenhos

Pg. 32 Tarsila do Amaral
Pg. 88 Clarice Lispector
Pg. 106 Lygia Clark

JANA MAGALHÃES
 janamagalhaes.com

Pg. 16 Ana Botafogo
Pg. 46 Lota de Macedo Soares
Pg. 76 Zilda Arns
Pg. 90 Cora Coralina

JULIA LIMA
 adonadabolsinha.com

Pg. 20 Zuzu Angel
Pg. 38 Maria Quitéria
Pg. 50 Cecília Meireles

JULIANA FIORESE
 julianafiorese.com

Pg. 34 Graziela Maciel Barroso
Pg. 56 Anita Garibaldi
Pg. 72 Aracy de Carvalho

JULIANA RABELO
🌐 julianarabelo.com

Pg. 10 Ada Rogato
Pg. 48 Carmen Miranda

LAURA ATHAYDE
🌐 ltdathayde.tumblr.com

Pg. 18 Nise da Silveira
Pg. 58 Dinalva
Pg. 100 Carolina Maria de Jesus

MANU BEZERRA
▮ IlustradoraManuBezerra

Pg. 40 Maria Esther Bueno
Pg. 80 Maria Rita Soares de Andrade
Pg. 104 Laudelina de Campos Melo

MARIANA CAGNIN
🌐 marycagnin.com

Pg. 12 Chica da Silva
Pg. 78 Fernanda Montenegro
Pg. 94 Pagu

MÔNICA CREMA
◉ monicacrema.art

Pg. 52 Liberata
Pg. 70 Bidu Sayão
Pg. 96 Leila Diniz

RAFAMON
🌐 rafailustra.com/galeria

Pg. 22 Paraguaçu
Pg. 86 Elza Soares
Pg. 98 Bertha Lutz

SANDRA JÁVERA
🌐 sandrajavera.com

Pg. 14 Irmã Dulce
Pg. 28 Clementina de Jesus
Pg. 82 Margarida Maria Alves

SIRLANNEY
🌐 sirlanney.com

Pg. 26 Thaisa Storchi
Pg. 68 Jaqueline & Sandra
Pg. 84 Dilma
Pg. 102 Elis Regina

CARLA IRUSTA, que como tantas outras mulheres enfrentou neste trabalho as dores da vida.

🌐 oagenteliterario.com.br/portfolio/carla-irusta

DESIGNER DE CAPA E MIOLO

RENATA VIDAL
🌐 be.net/renatavidal

OUTROS DESENHOS

ANNIE SAUVAGE
🌐 creativemarket.com/anniedraws

Estrelas individuais (miolo e capa)

CALLIE HEGSTROM
🌐 makemediaco.com

Banner de data, lápis (miolo), flores (miolo e capa) e louros (capa)

LISA GLANZ
🌐 lisaglanz.com

Moldura de louros, banner de suas heroínas, páginas estreladas adaptadas (miolo), coração com louros (quarta capa)

NICKY LAATZ
🌐 creativemarket.com/Nickylaatz

Flores, ornamentos caligráficos, nuvens (capa) e corações (miolo e capa)

OLKA KOSTENKO
🌐 creativemarket.com/balabolka

Máscaras, paleta e pincel (capa e guarda), notas musicais (miolo, guarda e capa)

ROCKETPIXEL; FRIMUFILMS; FREEPIK

Bola de futebol, foguete e avião (guarda e capa)

🌐 freepik.com

O MIOLO DESTE LIVRO FOI COMPOSTO COM TIPOLOGIAS CRIADAS POR MULHERES.

MRS EAVES
Criada por Zuzana Licko, uma pioneira da tipografia digital.
🌐 emigre.com

YANA
Criada por Laura Worthington, uma das 10 mais talentosas e proeminentes tipógrafas da atualidade.
🌐 lauraworthingtontype.com

MUSTACHE, STRINGBEANS E SUGARBRUSH
Criadas por Nicky Laatz, um dos grandes nomes da tipografia caligráfica atualmente.
🌐 creativemarket.com/Nickylaatz

IMPRESSO EM PAPEL OFFSET 120G/M²
NA SANTA MARTA.